絵で見てわかる RPAの仕組み

Robotic Process Automation

西村泰洋 著

SHOEISHA

本書内容に関するお問い合わせについて

このたびは翔泳社の書籍をお買い上げいただき、誠にありがとうございます。弊社では、読者の皆様からのお問い合わせに適切に対応させていただくため、以下のガイドラインへのご協力をお願い致しております。下記項目をお読みいただき、手順に従ってお問い合わせください。

●ご質問される前に

弊社Webサイトの「正誤表」をご参照ください。これまでに判明した正誤や追加情報を掲載しています。

正誤表　https://www.shoeisha.co.jp/book/errata/

●ご質問方法

弊社Webサイトの「刊行物Q&A」をご利用ください。

刊行物Q&A　https://www.shoeisha.co.jp/book/qa/

インターネットをご利用でない場合は、FAXまたは郵便にて、下記"翔泳社 愛読者サービスセンター"までお問い合わせください。
電話でのご質問は、お受けしておりません。

●回答について

回答は、ご質問いただいた手段によってご返事申し上げます。ご質問の内容によっては、回答に数日ないしはそれ以上の期間を要する場合があります。

●ご質問に際してのご注意

本書の対象を越えるもの、記述個所を特定されないもの、また読者固有の環境に起因するご質問等にはお答えできませんので、予めご了承ください。

●郵便物送付先およびFAX番号

送付先住所　〒160-0006　東京都新宿区舟町5
FAX番号　　03-5362-3818
宛先　　　　（株）翔泳社 愛読者サービスセンター

※本書に記載されたURL等は予告なく変更される場合があります。
※本書の出版にあたっては正確な記述につとめましたが、著者や出版社などのいずれも、本書の内容に対してなんらかの保証をするものではなく、内容やサンプルに基づくいかなる運用結果に関してもいっさいの責任を負いません。
※本書に掲載されているサンプルプログラムやスクリプト、および実行結果を記した画面イメージなどは、特定の設定に基づいた環境にて再現される一例です。

※本書に記載されている会社名、製品名はそれぞれ各社の商標および登録商標です。
※本書の内容は2018年7月1日現在の情報に基づいています。

はじめに

　企業や団体でのRPAの導入に対する関心は日々高まっているように感じています。一方で、導入の現場では専門的なスキルを有する人材の不足が課題となっています。

　RPAの専門家になるためには、導入活動に携わること、ソフトウェアとしてのRPAを理解していること、そしてロボットを一部とするシステム開発の進め方を理解していることなどが求められます。

　本書では、RPAの導入形態、構成要素、構造から、ロボット開発、システム開発、導入プロセス、運用管理とセキュリティ、類似・補完技術まで、RPAの「仕組み」のすべてについて解説しています。

　もちろん、すべてに精通する必要はありません。ご自身の得意分野を活かして、活用アイデアの創出、ロボットの開発、導入支援などのさまざまな活動に取り組んでいけば良いでしょう。

　本書は、情報システムに関連する仕事に携わっている方、新しい技術の適用に興味を持っている方、ロボット開発や導入に興味がある方や、RPAの専門家を目指す方などを対象にしています。

　技術的な内容も盛り込んでいますが、徐々に専門的になるように工夫しているので、システム開発の経験がない方でも一からRPAの仕組みを理解できます。

　RPAは複数のシステム、さらにシステムと人間をつなぐソフトウェアです。今後ICTが発展していく歴史の中で、ブロック・チェーンなどとともに特別な存在になり得るかもしれません。

　本書がRPAをはじめとする新技術と皆さんとを「つなぐ」ことができれば幸いです。

著者

CONTENTS

はじめに　iii

【第1章】RPAの基本　1

1.1　RPAの概要……2
1.1.1　RPAとは？……2
1.1.2　処理と自動化を分けて考える……2
1.1.3　実際のケースを2つの視点で見る……3
1.1.4　RPAはツールである……4
1.1.5　RPAは難しいソフトウェアではない……4

1.2　RPAがもたらす効果はコスト削減以上……5
1.2.1　コスト削減とリソースシフト……5
1.2.2　数字で考えてみる……5
1.2.3　生産性の向上にもつながる……6
1.2.4　ロボットであることの強み……7
1.2.5　仕事の標準化にもつながる……7

1.3　ソフトウェアの物理構成……9
1.3.1　ソフトウェアの集合体……9
1.3.2　製品によって異なる……10

1.4　RPAのシステム構成……11
1.4.1　2つのシステム構成……11
1.4.2　単体のデスクトップでの構成……11
1.4.3　サーバーによる集中管理の構成……12

1.5　RPAの利用シーン……14
1.5.1　RPAの利用シーン……14
1.5.2　データ入力の例……14
1.5.3　データ照合……15

1.6　利用シーンを俯瞰的に見る……16
1.6.1　業務システムの周辺をRPA化……16
1.6.2　業務システム間の谷間をRPA化……16
1.6.3　システム化がされていない仕事をRPA化……17

1.7　導入業務には順番がある……18
1.7.1　社内の軽い業務……18
1.7.2　ルーティーン業務……18
1.7.3　顧客向けのビジネス・プロセス……19

1.8　導入コストは数百万円から……20

1.8.1　比較的安い費用で導入が可能……20

1.8.2　内製であればこそ……21

1.9　RPAは業務効率化の最後の手段……23

1.9.1　BPO……23

1.9.2　モバイル……24

1.9.3　クラウド……24

1.9.4　業務パッケージ……24

1.9.5　最後の領域……25

【第2章】RPAの動向とその効果　27

2.1　RPAを取り巻く動向……28

2.1.1　RPAの市場規模……28

2.1.2　市場・業種動向……28

2.1.3　企業全体の動向……29

2.1.4　社会的要請……30

2.1.5　働き方改革への対応……30

2.2　人手不足もRPAで解決できる……31

2.2.1　直接的な解決……31

2.2.2　間接的な解決……32

2.3　2020年までに「仕事の7%消える？」……33

2.3.1　OECDの予測……33

2.3.2　人材再配置……33

2.4　企業がRPAを導入する目的……35

2.4.1　RPAの導入戦略……35

2.4.2　RPAの導入戦略例……35

2.5　RPAの導入で生産性が倍になる企業や組織……37

2.5.1　バックヤードの事務処理……37

2.5.2　住宅ローンビジネスの例……38

2.5.3　住宅ローンの占めるウエイト……40

2.6　RPAの効果の真実……41

2.6.1　RPA導入効果の真実……41

2.6.2　RPAソフトウェアの特性による効果……42

2.6.3　ロボットファイルの設計ノウハウによる効果……43

2.6.4　システム全体としての効果……44

2.6.5　導入活動による効果……45

2.6.6　効果の関係……45

2.6.7　効果の鵜呑みに注意……46

2.7　効果は不安を上回る……47

2.7.1　想定通りに動かなくて仕事が回らなくなったらどうしよう……47

2.7.2　ロボットの暴走や放置などへの対応……47

2.7.3　人間がいなくなっても大丈夫か？……48

2.7.4　業務変更や追加に対するメンテナンス……48

2.8　RDAとは？……49

2.8.1　RDAとRPAの違い……49

【第3章】RPAの製品知識　51

3.1　RPA関連のビジネス……52

3.1.1　製品販売……52

3.1.2　RPAに関する研修……53

3.1.3　RPAに関する認定資格……53

3.1.4　導入支援コンサルティング……54

3.1.5　技術者派遣、技術サポート……55

3.1.6　PoC、トライアル関連……56

3.1.7　展示会、セミナー……57

3.2　代表的なRPA製品……58

3.2.1　メジャーな製品……58

3.2.2　日本市場の先駆者……58

3.2.3　RPAの製品一覧……58

3.3　RPAソフトウェアの学習……61

3.3.1　学ぶ・作る・使う……61

3.3.2　基礎情報の入手……62

3.3.3　オンライン学習……62

3.3.4　製品購入……63

3.3.5　研修の受講……63

3.4　オンライン学習の例……64

3.4.1　UiPathのオンライン学習……64

3.4.2　Automation Anywhereのオンライン学習……66

3.5　RPAのフリーソフト……68

3.5.1　RPA Expressはどんなソフト？……68

3.5.2　RPA Expressの画面……68

3.6　学びの順番について……70

3.6.1　物理的な制約……70

3.6.2　コストの違い……70

3.6.3　無難なのはRDA……71

【第4章】RPAに近い技術　73

4.1　RPAに近い技術の代表例……74

4.1.1　RPAに近い技術……74

4.2　Excelのマクロ……76

4.2.1　RPAとマクロとの違い……76

4.2.2　RPAとマクロとの共通点……77

4.3　RPAを連想させるマクロのモデル……78

4.3.1　マクロ機能の有効化……78

4.3.2　ダイアログ設定……78

4.3.3　マクロでやりたいこと……79

4.3.4　マクロに記録する前の準備……80

4.3.5　モデルのマクロの記録……80

4.3.6　モデルのマクロの実行……81

4.3.7　モデルのマクロの利用法……81

4.4　AIとRPAの関係……82

4.4.1　機械学習……82

4.4.2　AIの導入が進むコールセンター……82

4.4.3　コールセンターでのRPAの出番……82

4.4.4　「特定」がRPAとなり得る操作の例……83

4.4.5　RPAへのAIの搭載……84

4.4.6　身近な例で考える……86

4.5　OCRとRPA……87

4.5.1　OCRとは？……87

4.5.2　限定的な自動化……87

4.5.3　OCRとRPAの違い……88

4.5.4　OCRとRPAの共通点……89

4.6　OCRとRPAの連携……90

4.6.1　OCRの性能……90

4.6.2　OCRにおけるRPAの役割……91

4.6.3　OCRとRPAとAIの連携……92

4.7　BPMSとRPA……94

4.7.1　BPMSとは？……94

4.7.2　RPAとBPMSの関係……95

4.8　EUCとRPA……97

4.8.1　EUCとは？……97

4.8.2　筆者のEUC……98

4.8.3　RPAはツールにすぎない……98

4.9　IoTロボット……100

4.9.1　IoTロボットとは？……100

4.9.2　IoTロボットの機能……100

4.9.3　IoTロボットとRPAとの共通点……102

4.10　業務自動化の実現……104

4.10.1　各技術の組み合わせ……104

4.10.2　適用領域の違い……104

4.10.3　自動化モデル……105

【第5章】ソフトウェアとしてのRPA　107

5.1　ソフトウェアとしてのRPAの位置付け……108
5.1.1　3階層のソフトウェア……108
5.1.2　ソフトウェアの階層上でのRPAの位置付け……108
5.1.3　RPAはプログラミング言語ではない……109
5.2　RPAの機能……110
5.2.1　RPAには3つの機能がある……110
5.2.2　機能と物理構成……110
5.3　RPAソフトの初期画面……111
5.3.1　RPAの初期画面イメージ……111
5.3.2　初期画面からの差分……112
5.4　既存アプリとRPAの関係……113
5.4.1　複数のアプリケーションをつなぐ……113
5.4.2　つなぐ＝データの移動……113
5.4.3　それぞれの活躍の場……116
5.5　実行のタイミング……117
5.5.1　人間による実行……117
5.5.2　スケジューラによる実行……118
5.5.3　イベントドリブンによる実行……119
5.6　データ処理……120
5.6.1　外部データ……120
5.6.2　内部データ……120
5.7　Windowsの画面のオブジェクトの認識技術……122
5.7.1　プロパティ方式……122
5.7.2　画像方式……122
5.7.3　座標方式……123
5.8　実行形式ファイルの作成……124
5.8.1　一般的なアプリケーション開発での実行形式ファイルの作成……124
5.8.2　RPAの実行形式ファイルの作成……124
5.9　RPAソフトウェア・シーケンス……126
5.9.1　動作シーケンス……126

【第6章】ロボット開発　127

6.1　ロボットファイルの開発……128
6.1.1　基本はプログラム開発と一緒……128
6.1.2　稼働までにすること……128
6.2　タイプ別ロボット開発……130
6.2.1　画面キャプチャタイプ……130
6.2.2　オブジェクトタイプ……130

6.2.3　プログラミングタイプ……130
6.2.4　各製品は複数のタイプを備えている……131

6.3　画面キャプチャタイプの例：WinActor……132
6.3.1　WinActorのロボット開発の手順……132
6.3.2　WinActorで作成するロボットのシナリオ……132
6.3.3　Webアプリケーションの読み込みと操作の設定……133
6.3.4　変数の設定……139
6.3.5　シナリオの編集……141
6.3.6　シナリオの編集からロボットの動作に移行する……143

6.4　オブジェクトタイプの例：Kofax Kapow……146
6.4.1　Kofax Kapowのロボット開発の手順……146
6.4.2　Kofax Kapowで作成するロボットのシナリオ……146
6.4.3　初期画面、新規プロジェクトの作成……147
6.4.4　変数の取込み……152
6.4.5　Webシステムのロード……154

6.5　プログラミングタイプの例：Pega……158
6.5.1　Pegaのロボット開発の手順……158
6.5.2　Pegaで作成するロボットのシナリオ……159
6.5.3　Pegaでのロボット開発……161

6.6　設計画面の例：Blue Prism……168
6.6.1　Blue Prismの設計思想……168
6.6.2　設計画面の例……168
6.6.3　ダブルクリックが設計と開発をつなぐ……169

6.7　ロボットファイルの設計……170
6.7.1　工程における位置……170

【第7章】業務と操作の可視化　　173

7.1　ロボット開発の前に……174
7.1.1　ロボット開発までの道のり……174
7.1.2　可視化から開発までの3つの階段……174

7.2　業務可視化の必要性……176
7.2.1　資料が存在する場合……176
7.2.2　資料が存在しない場合……177
7.2.3　導入前後の比較のために……177
7.2.4　新旧業務の呼称……177
7.2.5　業務より低い階層に操作がある……178

7.3　業務可視化手法……179
7.3.1　3つの業務可視化の手法……179

7.4　インタビュー……180
7.4.1　インタビューの進め方……180

7.4.2　インタビュー上級者……181

7.5　業務調査表……182
7.5.1　業務調査表とは？……182
7.5.2　調査表作成時の留意点……182

7.6　調査員による観察……184
7.6.1　調査員による観察のやり方……184
7.6.2　観察する際の留意点……184

7.7　To-Beデザインのスタート：ロボットマーク……188
7.7.1　ロボットマークとは？……188
7.7.2　To-Beデザイン……188

7.8　操作可視化手法……189
7.8.1　業務の可視化と操作の可視化の関係……189
7.8.2　デスクトップの操作の可視化……189

7.9　アプリケーションの利用状況に対する調査の例……190
7.9.1　ソフトウェアによる利用状況の調査……190
7.9.2　実際の調査の例……190

7.10　利用する画面に対する調査の例……193
7.10.1　PSRとは？……193
7.10.2　PSRの起動方法……193
7.10.3　PSRの使い方……194

【第8章】ユーザー要求とシステム開発　　197

8.1　ユーザー要求……198
8.1.1　ユーザー要求整理の位置付け……198
8.1.2　ロボットフロー……198

8.2　機能要件と非機能要件……199
8.2.1　ロボット開発における機能要件と非機能要件……199
8.2.2　非機能要件を忘れない工夫……199
8.2.3　非機能要件定義のタイミング……199

8.3　ワークシートの活用……200
8.3.1　操作シートとロボット化の範囲の違い……200
8.3.2　ワークシートによるユーザー要求の整理……201

8.4　フローチャートの活用……202
8.4.1　フローチャートによる操作……202
8.4.2　ロボット動作と対象の明示……203

8.5　ハイブリッドタイプの活用……204
8.5.1　ハイブリッドタイプとは？……204

8.6　実は簡単ではないRPAシステム開発……205
8.6.1　RPAのシステム開発はなぜ簡単ではないのか？……205

8.7　ウォーターフォールかアジャイルか……207

8.7.1　ウォーターフォール開発……207
8.7.2　アジャイル開発……207
8.7.3　ウォーターフォールかアジャイルか？……208
8.8　RPAにおけるアジャイル開発……209
8.8.1　現場での例……209
8.8.2　現場でのアジャイル開発の留意点……209

【第9章】RPAの導入プロセス　211

9.1　導入プロセスにおけるロボット開発の位置付け……212
9.1.1　RPAを導入する際の5つのプロセス……212
9.1.2　導入プロセスでのロボット開発の位置付け……213
9.2　全体計画……215
9.2.1　全体計画ですること……215
9.2.2　全社導入……216
9.2.3　全体計画の例……216
9.2.4　対象領域の決め方……217
9.3　机上検証……219
9.3.1　二段階の場合もある……219
9.3.2　机上検証で作成されるドキュメント例……220
9.4　PoC……222
9.4.1　PoCの2つの形態……222
9.4.2　PoCの進め方……222
9.4.3　PoCの目的形態……223
9.5　評価・修正……225
9.5.1　全体計画の修正……225
9.5.2　修正はあると考えるべし……225
9.6　RPAエンジニアとRPAコンサルタント……226
9.6.1　RPAエンジニア……226
9.6.2　RPAコンサルタント……226
9.6.3　スムーズにバトンを渡すために……227
9.6.4　人材の不足……227

【第10章】運用管理とセキュリティ　229

10.1　運用管理システム……230
10.1.1　運用管理システムとRPAの関係……230
10.1.2　運用監視システム……231
10.2　RPAの運用管理……232
10.2.1　RPAのヘルスチェックとリソース監視……232
10.3　運用管理画面の例：Kofax Kapow、Pega、WinDirector……234

10.3.1 Kofax KapowのManagement Console……234

10.3.2 PegaのRobot Manager……236

10.3.3 WinDirectorの実行ロボ状態確認画面……237

10.4 RPAならではの運用管理……238

10.4.1 仕事の進捗は誰が管理すべきか？……238

10.4.2 RPAの業務システムへのログインID……238

10.5 RPAのセキュリティ……241

10.5.1 物理構成から見たセキュリティ脅威……241

10.5.2 具体的なセキュリティ脅威……242

10.5.3 セキュリティ対策……243

10.6 セキュリティ画面の例：WinDirector、Blue Prism……244

10.6.1 WinDirectorの権限管理画面の例……244

10.6.2 Blue Prismの権限管理画面の例……245

10.6.3 Blue Prismのデータの暗号化画面の例……246

おわりに……247

索引……248

COLUMN

RPAの説明も変わる……26

RPAソフトの使い分け……50

RPAから生まれる新しいビジネス……57

RPAが動作している間は、端末は使えない？……60

RDAからRPAへの壁とRPAの多様性……72

RPAがメジャーな存在になるためには？……106

データドリブンとRPA……119

プログラミングスキルは必要か？……129

部品化に向けてのヒント……171

ユーザー部門に一層近いRPA……172

業務フロー、操作フローの例……185

英語力はどれくらい必要か？……196

KPIの設定……218

RPAの導入に対する姿勢……220

導入業務の展開と内製可能な範囲……228

運用監視をRPAで行う……239

第 1 章

RPAの基本

1.1 RPAの概要

RPAを導入する企業が急速に増えています。事務の効率化や生産性向上を目的として活用されることが多く、マスコミなどでも取り上げられることが多くなってきました。はじめに、RPAとはどのようなものなのか確認しておきます。

1.1.1 RPAとは？

RPAとはRobotic Process Automationの略称です。

RPAはソフトウェアの一種で、自分以外のソフトウェアを対象として、定義された処理を自動的に実行するツールといえます（図1.1）。

図1.1　RPAのイメージ

1.1.2 処理と自動化を分けて考える

上記の定義は、次のようにさらに2つに分けて考えるとわかりやすくなります。

①自分以外のソフトウェアを対象として、定義された処理を実行する
・対象とするソフトウェアは単体でも複数でも良い
・定義を行うのはRPAの実行ファイルの開発者

②定義された処理を「自動で＝自ら動いて」行う
・定義された処理が「自動」で実行されることがRPAらしさ
・処理を動作と言い換えたほうが動くイメージは伝わる

1.1.3 実際のケースを2つの視点で見る

定義と自動化の関係について、実際によくあるケースで見てみましょう。

アプリケーションAの画面に表示されているデータをアプリケーションBの画面にコピーする例です。アプリケーションAに入力されている顧客データの一部の項目をアプリケーションBにコピーする操作などを想像してみてください（図1.2）。RPA以外の2つのアプリケーション・ソフトウェアを対象とした処理です。

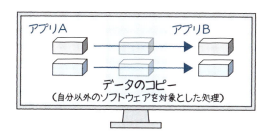

図1.2　アプリケーション間のデータのコピー

さらに、これらの処理が自動化されるところを見てみましょう（図1.3）。

図1.3　処理を自動化

この処理は、RPAの内部では次のように定義されています。

・アプリケーションAのテキストボックス1のデータをコピー
・アプリケーションBのテキストボックス1にデータを貼付け
・アプリケーションAのテキストボックス2のデータをコピー
・アプリケーションBのテキストボックス2にデータを貼付け
　※コピーと貼付けを一定のルールのもとで繰り返すのであればループで定義します。

RPAによって、上記の一連の処理が自動化されます。

1.1.4 RPAはツールである

1.1.1で定義の最後を「ツール」という言葉で結んでいることにも留意してください。

ソフトウェアやシステムというと、ERPパッケージのような大規模なものからOAツールのような小規模なものまでさまざまです。同様に、RPAにも個別のデスクトップで使われるタイプから、業務プロセス全体の中で多数のデスクトップとサーバーの両者で使われるタイプなど、さまざまなシステム構成があります。

RPAは基幹システムのような役割ではなく、基幹システムやその他の業務システムの入出力などの処理を外側から支援するツールです。ツールではあるものの、その規模は大から小までさまざまであるということです。

RPAは図1.4のように、OAツール、業務システム、基幹システムなどをつなぐ役割を果たします。

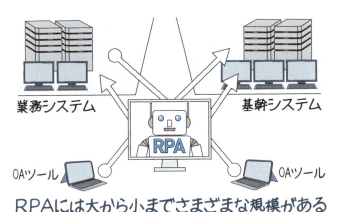

図1.4 RPAはOAツール、業務システム、基幹システムをつなぐ役目がある

1.1.5 RPAは難しいソフトウェアではない

ここまでの説明でRPAの概要は理解できたと思います。

「定義された処理を自動的に実行する」と考えると、実は難しいソフトウェアやシステムではないことがわかると思います。

本書ではこの定義を前提として、この後の解説を進めていきます。

1.2 RPAがもたらす効果はコスト削減以上

1.2.1 コスト削減とリソースシフト

RPAの効果に関しては、新聞、雑誌、書籍、テレビなどのさまざまなメディアで語られています。RPAという言葉もその流れに乗るようなかたちで認知されてきました。

2017年9月以降、日本経済新聞の朝刊で、大手金融機関のRPA導入に際しての経営戦略や取り組みが紹介されたことが大きいのではないかと考えています。

記事によれば、AIやRPAの導入を先進的に進めている大手金融機関では、定型的な事務処理の操作をRPAに置き換えることで、人件費を削減する、あるいはそれらを担当していた人材を顧客対応のフロントや新規事業などにシフトすることを目指していると伝えています。

1.2.2 数字で考えてみる

それでは、具体的な数字の例でコスト削減を考えてみます。

たとえば、定型的なデータの入力や照合だけを行っている人がいるとします。勤務時間は一般的な8時間とします。

しかし、実際には1日中データ入力をしているということはないでしょう。データ入力のもとになる書類の整理と持ち運び、内容の確認、打ち合わせなどの別の仕事もしているでしょう。したがって、データ入力・照合に費やす時間は正味5時間から6時間くらいではないでしょうか。

企業側が担当者に支払うさまざまな手当を含む時給を仮に4,000円としてみます。データ入力・照合に使う時間が、1日当たり5時間で月20日の稼働とすると、1カ月で40万円になります。年で考えれば480万円です。

一人の人間のパソコン操作を置き換えるための一式のRPAソフトの導入費用は年100万程度（詳しくは1.8参照）と480万円に比べるとはるかに安価ですから、この考え方があくまで一例であるとしてもコスト削減に確実につながりそうな気がします。

このようなデータ入力や照合の仕事をメインとしている人が多数いるのであれば、コスト削減の効果は絶大です（図1.5）。

図1.5　コスト削減のイメージ

1.2.3　生産性の向上にもつながる

　ここで1.1.1のRPAは「定義された処理を自動的に実行するツール」という言葉を思い出してください。

　定義された処理を自動で行うことは、生産性の向上にもつながります。生産性の向上は、労働量や労働時間はそのままなのに生産量が増えることを意味します。

　ここでも具体例を挙げて考えてみます。たとえば、人間がExcelのワークシートから5つのフィールド（セル）のデータを、業務システムにコピーして貼り付けて入力しているとします。

　さらに、それぞれの作業を次のように細かい数値に落とし込みます。

- Excelでのセルのコピーが1秒
- 業務システムのフィールドへの貼付けに2秒
- 5項目の貼付けを終えた後の目視での確認と業務システム上にある登録のコマンドボタンのクリックで10秒

　1セットの入力と確認は5つの項目を合計して25秒となります。1日に何時間も続けて大量のデータを扱うのであれば、これくらいの標準工数が妥当かと思います。

　ところが、RPAを用いると最後の目視が不要となるので、短時間でこれらの処理を実行することが可能になります。

　RPAを用いても、Excelのセルのコピーと業務システムのフィールドに貼り付ける

までの時間は、熟練した人間の操作と変わりません。しかし、定義された処理を（正確に・忠実に・かつ自動的に）実行するため、その後の目視は不要になります。これにより、作業時間を大幅に短縮することができます。したがって、生産性は確実に向上するのです（図1.6）。

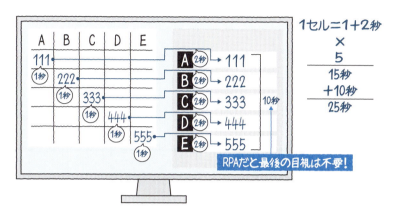

図1.6　生産性向上の例

1.2.4　ロボットであることの強み

　人間の場合には疲れや体調などによって、操作に要する時間が変わることがありますが、ソフトウェアのロボットにはそのような変動はありません。RPAはソフトウェアロボットですから、疲れることなく一定のペースで定義された処理を黙々と自動的にこなしていきます。
　入力や照合などの件数が大量である場合や、そのような操作に費やしている工数や時間が膨大な場合には、RPAは絶大な威力を発揮するのです。

1.2.5　仕事の標準化にもつながる

　開発者視点で考えるとわかりやすい話ですが、多様なパソコンの操作をRPAに置き換えようとして処理を定義することを想像してみてください。
　たとえば、100の操作を置き換えようとしたときに、100件の定義をすることはないでしょう。したがって、似たような操作があれば、それらをそのまま流用して定義を進めていくはずです。

このような取り組みの結果として、100の操作が結果的に40件に集約できたりします。
　定義を効率的に進めることで、今まで手を付けることがなかった端末の操作という業務プロセスの一部を構成する領域でも、結果的に標準化や共通化を進めることができるようになるのです（図1.7）。

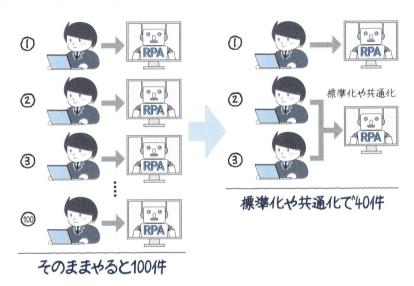

図1.7　標準化や共通化を進める

●部品化は必須

　標準化や共通化の話をしましたが、システム開発では共通の機能を部品化して流用します。このことはRPAの導入を検討する前にはなかなか気付かない点ですが、開発を進めていく中では、この「流用」や「部品化」の価値の大きさを理解できます。
　後ほど解説しますが、「部品化」はRPAの開発において必須です。
　RPA製品においても部品化は推奨されており、それぞれ固有の名前を付けて部品を管理しています。

1.3 ソフトウェアの物理構成

　RPAの定義を確認したところで、次にソフトウェアとしての物理的な構成を見ていきます。最初に形から入ることで、この後の理解がスムーズに進むでしょう。

1.3.1 ソフトウェアの集合体

　RPAは1つのソフトウェアではなく、いくつかの役割を持ったソフトウェアの集合体です。

　基本的には、ロボットとしての動作を実行するファイルとそれ以外で、主に次の4つのソフトウェアから成り立っています。

- ・ロボットファイル
- ・実行環境
- ・開発環境
- ・管理ツール

　それぞれについて詳しく見ていくことにします。

◉ロボットファイル

　RPAのロボットとしての実行ファイルです。開発者が開発環境で動作を定義して自動的に実行できるようにするファイルです。

◉実行環境

　ロボットファイル専用のランタイムで、ロボットファイルを実行するためのプログラムです。ロボットを動作させたい端末にロボットファイルとともにインストールします。

◉開発環境

　第6章で詳しく解説しますが、ロボットファイルを作成するための各製品固有の開発環境です。

　開発環境の細かい機能や呼称はRPA製品によって異なりますが、大きな視点ではおおむね同じような機能が提供されています。

◉管理ツール

ロボットファイルの稼働の開始や停止の指示、スケジュール、稼働の順序の設定、進捗状況の確認などを、このツールを通じて行います。

ロボットファイルの作成後、管理ツール側で設定します。

まとめると図1.8のようになります。

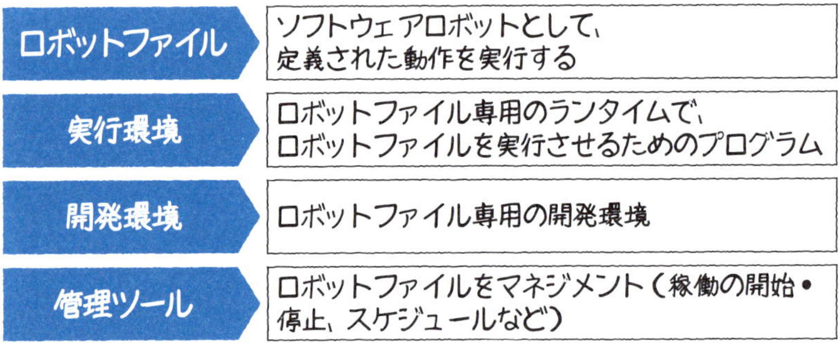

ロボットファイル	ソフトウェアロボットとして、定義された動作を実行する
実行環境	ロボットファイル専用のランタイムで、ロボットファイルを実行させるためのプログラム
開発環境	ロボットファイル専用の開発環境
管理ツール	ロボットファイルをマネジメント（稼働の開始・停止、スケジュールなど）

図1.8　RPAを構成する4つのソフトウェア

1.3.2　製品によって異なる

高機能な製品は図1.8の4つをすべて保持していますが、製品によっては、ロボットファイルとそれ以外に見える製品もあります。また、小規模な製品には管理ツールを持たない製品もあります。

しかしながら、このように4つの視点で製品を見ると、製品の比較も容易に行うことができます。

1.4 RPAのシステム構成

1.4.1 2つのシステム構成

RPAには大きく2つのシステム構成があります。

ひとつは、単体のデスクトップの構成で、個別のパソコンにインストールしてシステム化します。

もうひとつは、サーバーによる集中管理を通じて、ワークグループとしてシステム化する構成です。

それぞれについて詳しく見ていきます。

1.4.2 単体のデスクトップでの構成

図1.9のように、単体のデスクトップにロボットファイルと実行環境をインストールして活用します。

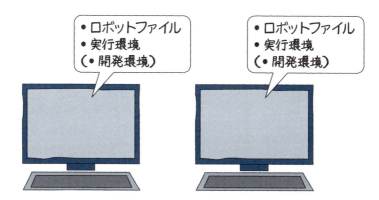

図1.9 デスクトップでのシステム化

1台でも複数台でも、各ロボットファイルは独立して動作します。また、どこかに開発環境を構築してロボットファイルの作成をする必要はあります。

1.4.3 サーバーによる集中管理の構成

サーバーとクライアントの双方で活用しますが、こちらはさらに集中管理とサーバー・クライアントの2つの形態に分かれます。

◉集中管理

サーバーに管理ツールと複数のロボットファイルを配備して、各デスクトップから仮想的にサーバーのロボットファイルを呼び出して実行する構成です（図1.10）。

各デスクトップがロボットファイルを利用する場合に、ロボットファイルと実行環境をサーバーから取得して実行します。いわゆる仮想デスクトップ上でのシンクライアントとサーバーの関係です。

これにより集中管理が成し遂げられます。もちろんここでも開発環境は必要です。

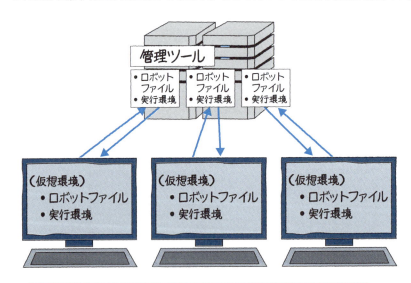

図1.10　サーバーによる集中管理

●サーバー・クライアント

サーバーに管理ツールを、各デスクトップにはロボットファイルと実行環境をインストールする構成です（図1.11）。

ロボットの動作が必要なデスクトップにはロボットファイルと実行環境が存在し、サーバーには管理ツールが存在します。

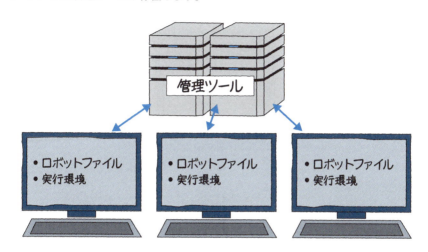

図1.11　サーバー・クライアント

集中管理とサーバー・クライアントで機能的には大きな違いはありませんが、集中管理は運用管理やセキュリティポリシーの適用などでガバナンスが効くという利点があります。

近年、シンクライアントを導入する企業や団体が増えていることから、今後は仮想環境のロボットをサーバー側に持つ構成が増えていくことが想定できます。

1.5 RPAの利用シーン

1.5.1 RPAの利用シーン

　具体的には、データ入力・修正、データ照合、データ出力、アプリケーションの実行などが挙げられます（表1.1）。いずれも、オペレーターが判断を伴う、考えて操作・実行する作業ではなく、機械的・定型的な操作です。

　扱うデータやトランザクションが大量であり、同じような仕事をしているオペレーターが多数であれば、大きな効果を上げることができます。

表1.1　RPAの利用シーン

操　作	概　要	例
データ入力・修正	・別のシステムやアプリケーションなどのデータを参照して、当該システムにデータを入力する ・入力済みのデータを個別または一括して修正や更新を行う、など	・Excelのワークシート上にあるデータを業務システムの入力画面にコピーしたりペーストしたりする ・ロジックが明確なデータの修正
データ照合	入力済みデータと別のデータとの比較やチェックを行う	以前からあるデータと申込みのデータが一致しているかチェックする
データ出力	上記同様に別システム経由のデータの出力、印刷指示、など	業務システムからエクスポートして作成したファイルをメールに添付して送信する
アプリケーションの実行	人が行うようにシステムのボタンなどをクリックしてアプリケーションを実行する、など	システム画面のコマンドボタンをクリックして処理を実行する

※上記の他にもさまざまな利用シーンがある

1.5.2 データ入力の例

　データ入力については、RPAはさまざまな場面で利用されています。

　たとえば、Excelのワークシートの特定のセルから値をコピーして、業務システムの特定のフィールドに貼り付ける動作などを順次行う例です（図1.12）。左のExcelのセルから右の業務システムにコピーします。

　図1.12の左側はExcelになっていますが、ある業務システムから別の業務システムにコピーするケースを想像していただいても良いでしょう。

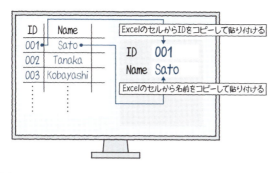

図1.12　Excelから業務システムへのコピー

1.5.3 データ照合

先ほどの入力とは見え方が逆になりますが、業務システムで入力されたデータが正しいか、別のシステムのデータや入力元のExcelのセルなどを参照して値を比較します（図1.13）。値が同じであれば正しく入力がされていることになります。

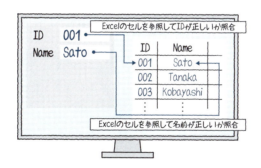

図1.13　データ照合

人間の場合は「目」で見て確認することから、記号や文字列によっては正確に捉えられないことがあります。しかし、RPAはソフトウェアですから、そのようなミスがありません。もちろん、記号や文字列に対する確認の方法や定義は設計段階から正確に記述する必要があります。

ここではよくある利用シーンの代表例であるデータ入力とデータ照合の例を挙げました。これ以外にもERPパッケージへのデータの入力にRPAを活用して行うケースなど、実務の細かいレベルではさまざまなケースがあります。

1.6 利用シーンを俯瞰的に見る

1.6.1 業務システムの周辺をRPA化

業務システムへのデータ入力などをOAツールで補完する使い方もあります（図1.14）。OAツールを活用して業務システムに入力するデータの整備をする、効率的に入力するために準備をする、などのケースです。

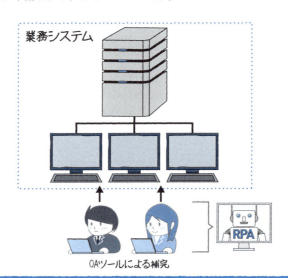

図1.14 業務システムの周辺をRPA化

1.6.2 業務システム間の谷間をRPA化

複数の業務システムや基幹システムなどとの間で、オペレーターがOAツールなどを使ってデータの入力などをしている仕事をRPA化します（図1.15）。オペレーターが複数のシステムやアプリケーションを同時に使って橋渡しをしているようなケースです。

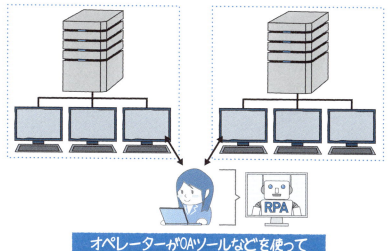

図1.15　業務システム間の谷間の操作をRPA化

1.6.3　システム化がされていない仕事をRPA化

　長年にわたりOAツールによる手作業が中心で、業務システムが存在していないシステム未開の地にRPAの導入を進めている企業もあります。しかしながら、そこにはこれまでシステム化がされていない領域ならではの難しさがあります。
　個別の顧客向けに請求書を作成するなど、「個」を重視したオーダーメードの対応が数多く存在する、日々の操作が一定の手順で行われていないために業務アプリケーションとしての設計が困難であるなどの理由から、ExcelやWordなどで代用しているような業務です。

　以上、業務システムの周辺、業務システムの谷間、さらに業務システムが未開の地での3つの導入シーンについて解説してきました。
　いずれを見ても、効率化の可能性としては「のりしろ」のような最後の領域ともいえるのではないでしょうか。企業や団体での業務のシステム化が、大きな意味ではゴール近くにまで到達しており、もはやこのような領域での効率化しか残っていないということなのでしょう。

1.7 導入業務には順番がある

　企業や団体でのRPAの導入を考えるときに、導入を進めていく業務には一定の順番があります。最初は顧客に対して影響のない社内の軽い業務から開始して、次に社内でルーティーンとなっている業務に展開し、それらの後で顧客向けのビジネスにも関わるプロセスに展開していきます。

1.7.1 社内の軽い業務

　RPAを用いる際には、最初に情報の共有、バックヤードの事務処理の一部といった比較的軽めの業務から導入していきます（図1.16）。部門や組織の一部での導入です。顧客対応業務にはその後で展開していきます。

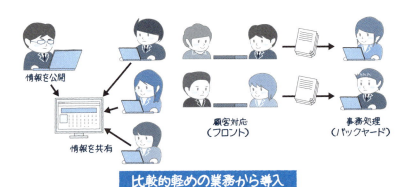

図1.16　情報共有とバックヤードの事務処理

1.7.2 ルーティーン業務

　次に、業務システムへのデータの入力やデータ照合、書類や文書の管理などの企業で日常的に行われている処理にRPAを導入します。売上には直接的に関連しない内部の業務です。
　ここでさらに、社内にクローズされたシステムの段階と、外部のシステムと連携する段階に分けることもあります。

1.7.3 顧客向けのビジネス・プロセス

　顧客との取引に関わるプロセスにRPAを導入する際には、受注や売上など、お金や契約に関連した取引そのものの流れに関わることから信頼性が要求されます。

　ここまで見てきた順番を図で表すと図1.17のようになります。すべての企業や団体がこの順番の通りに展開するわけではありませんが、おおむねこのような傾向があります。

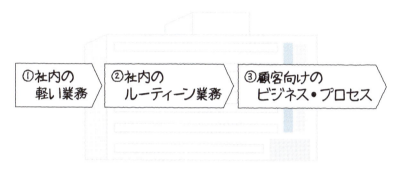

図1.17　RPAの展開の順番

1.8 導入コストは数百万円から

1.8.1 比較的安い費用で導入が可能

RPAの導入コストはどれくらいなのか。基本的な小規模のケースから見ていきます。なお、ここで挙げる金額は超概算ですので、参考程度にとどめておいてください。

1名のオペレーターの操作の置き換えであれば、年100万円程度で、小規模なグループでの導入であれば年数百万円程度から導入することができます。

RPAソフトは、基本的には年間ライセンスで価格の設定がされています。今後は製品やサービスの多様化やRPA製品の競争なども進むことから、全体としてコストは少しずつ下がっていくでしょう。

●数名の仕事を置き換える（1）

たとえば、3人のオペレーターが担当しているデータの入力や照合などの仕事をRPAに置き換えるとします（図1.18）。3台の個別デスクトップに導入すると考えてください。

この場合、開発環境が1セットは必要で、さらにロボットファイルが動作する環境が3セットとなります。仮に開発環境と実行環境の1セットが100万円、実行環境とのセットが50万円で2セットとすると、200万円から300万円くらいを見込んでおけば十分に予算の範囲に収まるでしょう。

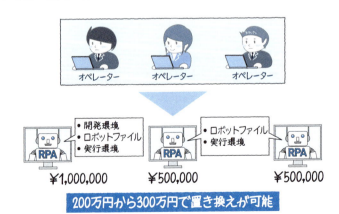

図1.18　3人のオペレーターの置き換え（管理ツールなし）

●数名の仕事を置き換える（2）

人数は同じく3人ですが、管理者が3人をマネジメントするように、管理ツールが3台のロボットを集中管理するシステム構成を考えてみます（図1.19）。

この場合も仮の金額ですが、開発環境と実行環境に、サーバーにインストールする管理ツールが加わりますから、合計して400万円から500万円あれば置き換えが可能です。

図1.19　3人のオペレーターの置き換え（管理ツールあり）

1.8.2 内製であればこそ

上記の2つの例は、あくまでも内製したケースです。内製ではなく、製品ベンダーやSIベンダーに開発を依頼する、現行の業務フローと導入後の新たな業務フローの設計や全体の導入支援などをコンサルタントに依頼する、といった作業を加えると数百万円では収まりません。

ここで、現実にあり得る外部パートナーの登場人物を整理してみます。

- 計画策定支援……………………コンサルタント
- 導入支援…………………………コンサルタント
- ロボットの設計・開発……………製品ベンダー、SIベンダー
- システム全体の設計・開発………SIベンダー

小規模な業務であっても状況によっては上記を含む体制となります。

　もちろん、上記の役割のすべてではありませんが、自社戦力で進めている企業は確実に増えています。なかにはシステム開発未経験の人も対象として、教育と実践を通じて貴重な戦力として育成している企業もあります。

　なぜ、コンサルタントやベンダーが必要なのかと疑問に思う人もいるかもしれません。補足しておくと、現在の各企業での導入は、PoC（Proof of Concept：概念実証）を終えると、部門全体や複数部門、さらには企業全体を目指す傾向があります。そのため、既に導入を進めている企業は、先々の展開をにらんで計画策定時から外部のパートナーを入れて進めることがあります。なお、全社導入や大規模な導入に関しては第7章で詳しく解説します。

1.9 RPAは業務効率化の最後の手段

情報通信技術を通じての業務効率化の取り組みは一連の流れを形成しており、「歴史」として語ることができます。

外に出せる業務は外に出す、外からでも対応可能な業務は外で行う、最後にオンプレミスで残った業務はRPAやAIなどで効率化を図ります。

1.9.1 BPO

自社の業務プロセスの一部を継続的に外部の専門的な企業に委託することをBPO（Business Process Outsourcing）といいます。コールセンターや人事総務関連の業務などが代表的ですが、高度なシステムや設備、さらに人材を保有しているアウトソース専門の企業に関連する業務を丸ごと委託します。

特にコールセンターに関してのBPOは、1990年代のCRMシステムの登場や、2000年代に入ってからのIP電話のサービス開始などによって市場が拡大してきました。

コールセンターの業務は、問い合わせなどで回答する内容自体は企業によって異なります。しかしながら、顧客からの電話に対して回答を返すという大きな業務の進め方は同じですから、受け答えの内容を整理することができればアウトソースなどでの効率化が図れます（図1.20）。

図1.20　どこのコールセンターでも電話を受けて対応するのは皆同じ

1.9.2 モバイル

モバイルは、端末とネットワークインフラ両者の技術の進歩と普及から、業務を革新的に効率化しました。1999年のiモード開始から、携帯電話であっても簡単な業務であれば処理できるようになりました。

それまで各企業では、専用の重い携帯用端末を社外で利用して、社内に戻ってからデータをアップロードやダウンロードしていましたが、iモードの登場により社外でもリアルタイムにデータを扱うことができるようになりました。

さらに2008年以降のiPhone、アンドロイド携帯の上陸により、市場は拡大していきます。2010年以降のiPad、アンドロイドのタブレットの発売がこの傾向に一層拍車をかけました。もちろんこれらの端末の進歩と並行して、ネットワークインフラの発展もあります。

モバイル端末とソリューションの進化で、それまで事務所に戻って実行していた処理を外出先や遠隔地から社内と同様にリアルタイムでできるようになったことで業務効率化が推し進められました。

1.9.3 クラウド

業務を丸ごと外に出すBPO、外からでも処理を可能にするモバイルを見てきました。データ自体も外に置いて効率化する動きもあります。それがクラウド・コンピューティング（以下クラウド）です。

クラウドは、2006年当時にグーグルのCEOだったエリック・シュミット氏の発言が最初といわれています。

汎用的な業務やデータ処理を外部のシステムを有効活用することで業務効率化を進めています。

1.9.4 業務パッケージ

最後に業務パッケージによる効率化の流れも確認しておきます。一般論になりますが、各種の業務でパッケージソフトを導入して効率化を図るという動きは80年代後半頃から始まっています。今日では最も身近な業務とシステムの効率化ではないでしょうか。

代表選手としては、90年代に台頭してきたERP（Enterprise Resource Planning）パ

ッケージが挙げられます。

ERPパッケージは、会計・総務・生産・販売などの企業の基幹データをリアルタイムで連携する処理ができることから、多くの企業で導入されていますが、業務の標準化とリアルタイム化で大きな効率化を進めています。

1.9.5 最後の領域

ここまで紹介してきた効率化のために情報通信技術を導入してきた各企業において、残っているオンプレミス業務の最後の効率化を果たすのがRPAです（図1.21）。

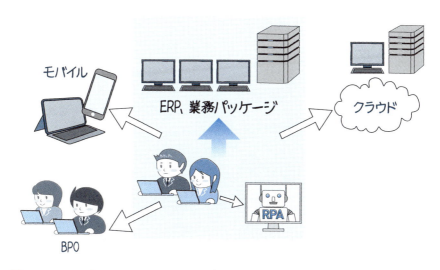

図1.21　RPAはオンプレミスの最後の領域に

COLUMN
RPAの説明も変わる

　筆者は、多くの人にRPAを理解してもらい、企業や団体での活用が進んでいくことを目指し、RPAに関する連載記事や書籍などを執筆してきました。その中ではRPAを次のように説明してきました。

●これまでの定義

　RPAは「ソフトウェアのロボットで仕事を効率化するツール」と定義してきました。ソフトウェア化されたロボットが、端末に表示されているアプリケーションや業務システムを識別して、人と同じような操作を実行します。

●RPAのイメージ

　人間がパソコンに向かって仕事をしています。その仕事の中で機械的・定型的なデータの入力や照合などは、ロボットに置き換えて自動化することができます。さらに、そのロボットをソフトウェアにして、パソコンの中に入れてしまいます。すると、人間が行っていた仕事の一部がソフトウェアロボットに代行されます（図1.22）。

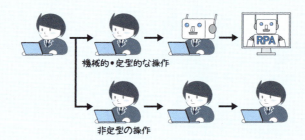

図1.22　ロボットがソフトウェアに置き換わる

　企業などでの実際の適用シーンとして、RPAが実行するのは機械的・定型的な操作が多いことから、上記は運用の実態に即した説明です。

●本書の定義

　これまでの定義は、1.1で述べたようなソフトウェアとしての特徴をベースとした説明とは異なります。

　本書ではあえてこれまでと異なる定義でスタートしてみました。ソフトウェアや情報システムに親しみのある人であれば、新しい定義のほうがスッキリするのではないでしょうか。

第2章

RPAの動向とその効果

2.1 RPAを取り巻く動向

2.1.1 RPAの市場規模

　RPAの市場規模は、さまざまな調査機関やコンサルティングファームなどから発表されていますが、2020年には1兆円を超える市場といわれています。

　大手企業の中には全社的な導入のために、数十億円やそれ以上の予算を確保している企業もあります。誰もが知っているような各業種のトップ企業が1社当たり数十億円の予算を確保しているとすれば、合計1兆円は簡単に上回ります。

　さらに準大手企業、中堅企業、中小企業と続きます。東証1部上場企業が約2,000社ありますから、企業全体が導入に向けて動き出すようであればかなり大きな市場であることがわかると思います。

　東証1部上場企業の1社当たりの全社導入に要する投資額を、低く見積もり10億円としても、合計すると2兆円となります（図2.1）。

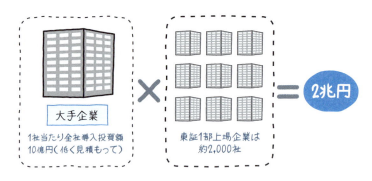

図2.1　市場規模：東証1部上場企業での単純な掛け算の例

2.1.2 市場・業種動向

　日本市場でのRPAの導入を牽引してきたのは金融機関です。特に大手の金融機関は膨大な顧客数と取引数を誇り、日々の事務処理の量は高度にシステム化されているとはいえ莫大です。

　金融機関は近年、Fintechを旗印に、AI、ビッグデータ、ブロック・チェーンなど

の多様なデジタル技術とともにRPAを早くから研究し、業務効率化や生産性向上とともに新たな事業・サービスの開発に取り組んできました。

RPAに関しては金融機関が先行してきましたが、大手製造業やサービス業などでの導入も始まっており、公共機関などでの検討も進みつつあります（図2.2）。

図2.2　RPAの導入状況

2.1.3　企業全体の動向

業種の動向を見ていただいたところで、多くの人が気になるのが企業や団体全体での導入や検討のステータスではないでしょうか。自らの所属する企業や団体について、RPAの導入が進んでいるのか遅れているのか。具体的には次の4つの状況に分かれます。

①全社導入を進めている
②部門導入を進めている
③PoCをしている
④今後に向けて検討中

現時点では大手の金融機関のメガバンクや保険会社などで、①の全社導入を進めている企業があります。これが先頭集団でしょう。

次に、さまざまな企業や団体で、②の部門導入を進めている、③PoCをしている、④今後に向けて検討中と続きます。

PoCはProof of Conceptの略称で、概念実証を意味し、古くは実証実験と呼ばれていた活動です。

全体の企業や団体という観点からすれば③や④が最も多い集団でしょう。

今後、PoCや検討中のグループも全社や部門導入のグループに合流するでしょう。

2.1.4 社会的要請

RPAの導入は、個別の企業や団体における課題の解決策と考えるだけでなく、以前から産業界を中心に唱えられてきた「労働力不足」「労働コストの上昇」「働き方改革の実現」などの課題解決にも役立つと考えられています（図2.3）。

詳しくいえば、少子高齢化による労働力不足、物流業界でも話題となった人手不足に端を発する労働コストの上昇、さらに働き方改革の実現の3つです。

近年、特に働き方改革への解決策として注目を浴びています。

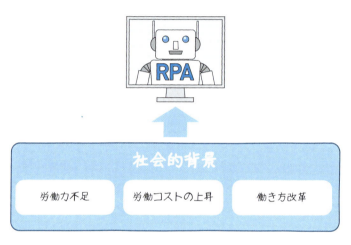

図2.3　社会的課題からのRPAへの期待

2.1.5 働き方改革への対応

RPAは人間の機械的・定型的な操作を代行できますし、人件費より確実に安価です。さらに、単純な仕事からの解放や労働時間の短縮などから、クリエイティブな仕事へのシフトや時間に捉われない多様な働き方を実現できます。

RPAは社会的な課題や要請に応えられる一面を備えています。一方でRPAを導入すれば簡単に大きな効果を上げることができるような考え方や期待は、RPAそのものの能力を超えた過大なものといえるでしょう。

2.2 人手不足もRPAで解決できる

2.2.1 直接的な解決

　RPAは労働力不足の課題に具体的な解決策をもたらします。これには直接的な解決と間接的な解決があります。

　もし、人手不足が1.5に挙げたような、データの入力、修正、照合などの仕事で発生しているのであれば、人を雇うのではなく、RPAを導入することで解決できます（図2.4）。

　人を一人雇用すると社会保険料なども含め、最低でも月に数十万円かかります。それに対してRPAの導入は、1名のオペレーターが行っている操作の置き換えであれば年間で100万円程度ですので、最初の導入費用は一人雇用したときの2〜3カ月分の給与で済みます。

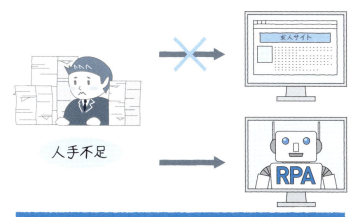

図2.4　直接的な解決：求人ではなくRPA

　直接的にRPAによって解決できる人手不足であれば、求人広告に頼らずにRPAを導入すれば良いでしょう。新しく入社した人に仕事を教えるように、RPAに対して具体的な操作を定義して実行させます。

2.2.2 間接的な解決

先ほどの例とは異なり間接的な対応となりますが、データの入力や照合などを担当しているAさんに人手不足の現場に移ってもらって、Aさんの代わりはRPAが務めるというやり方でも人手不足は解消できます（図2.5）。

企業や組織のリソースシフトの一環で、別の仕事に移すために現在の仕事をRPAに任せるという発想はあります。しかし、突如として生じた人手不足を解決するためにRPAを活用するという臨機応変な発想はなかなか持てないものです。

まずは心の準備をしておきたいものです。

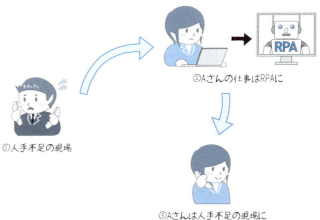

図2.5　間接的な解決：Aさんの仕事はRPAに、Aさんは人手不足の職場に

2.3 2020年までに「仕事の7%消える?」

2.3.1 OECDの予測

　日本経済新聞はRPAに関連する記事を頻繁に掲載しています。2018年3月11日付けの朝刊では、「仕事の7%消える?」のタイトルでRPAと日本の労働市場に関する記事が掲載されています。

　記事では経済協力開発機構（OECD）の予測として、日本の労働力人口の7％が携わる仕事が2020年までに自動化により消え、さらに22％の仕事の内容が大幅に変わることを紹介しています（図2.6）。

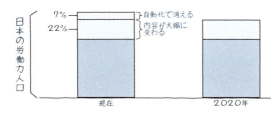

図2.6　現在と2020年の労働力人口

　また、日本生産性本部によれば、日本の労働生産性＜日本の付加価値額（国内総生産）÷労働者数＞は、OECD加盟国の中で35カ国中21位にとどまることも紹介されています。日本は世界各国と比較すればまだまだ生産性を上げる余地はあるということです。

2.3.2 人材再配置

　さらに、現在はあらゆる産業で人手不足であることから、機械に仕事が奪われる事態は表面化していませんが、景気が後退して雇用が悪化する局面を迎えれば、求人は付加価値の高い仕事に集中するようになるとも説明しています。

　日本の一般事務職は2018年1月の有効求人倍率（パート含む）が0.41倍と供給過剰で、開発技術者は2.38倍、情報処理・通信技術者は2.63倍の数値を示しており、後者のような求人倍率の高い分野に人材が配置されるべきとも述べています（図2.7）。

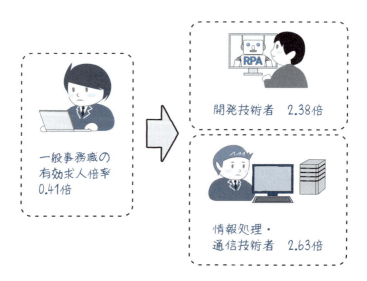

図2.7 求人倍率の高い仕事へのシフト

　このように人的リソースの再配置や労働生産性を向上して国際競争に打ち勝つためにも、RPAやAIなどの活用は欠かせません。
　視点をビジネスシーンに戻すと、日本の置かれた状況と産業界、さらに個別の企業や組織でも同じようなことがいえそうです。

2.4 企業が RPA を導入する目的

　先ほどの有効求人倍率などの数字も示しているように、付加価値の高い仕事に労働力全体がシフトしていくという方向性を紹介しました。

　ここで個々の企業がどのような目的でRPAを導入しているのか整理します。

2.4.1 RPAの導入戦略

　RPAの導入戦略は、おおむね表2.1の4つに分類されます。

表2.1　4つの導入戦略

導入戦略	概　要
人的リソースシフト	業務の効率化を進めて効率化が進んだ業務から、顧客接点に関わる業務に人材をシフトする
売上拡大	処理時間やプロセスの短縮により処理量を増やすことで、売上の増加につなげていく
コスト削減	業務の自動化ならびに効率化を進めていくことで、業務に携わる人員の削減を図る
グローバル標準化	導入を進めていくことで、業務のユニット化が進み、グローバル企業であっても、業務の標準化が進められる

　筆者がさまざまな企業の取り組み状況を見てきた限りでは、上記の戦略の中では人的リソースシフトがRPAの導入戦略として最も多いと感じています。

2.4.2 RPA の導入戦略例

　2017年11月15日の日本経済新聞の朝刊では、みずほフィナンシャルグループ、三菱UFJフィナンシャル・グループ、三井住友フィナンシャルグループの金融機関のグループが、RPAを導入することで、数千人以上の業務量や仕事量を削減して、浮いた人材は別のビジネスに振り向けると報じられていました。別のビジネスの具体例としては、富裕層向けの運用相談担当者などが挙げられています。

　2.3で一般事務職から開発技術者や情報処理・通信技術者へのシフトの話をしましたが、この例では一般事務職から運用のコンサルタントへのシフトが示されています。

　続いて2017年12月29日の日本経済新聞の朝刊では、大手生命保険・損害保険でAI

ならびにRPAを活用した業務の見直しが進められていると紹介されています。保険業界大手各社は、AIとRPAを活用して現在の事務の何割かを削減する戦略をとり、浮いた人材を新規分野に投入していくという動きです。この例では一般事務から新規分野へのシフトを示しています。業種や業界によってシフトする分野は異なりますが、RPAを活用して事務をターゲットとして仕事量を削減するのは共通した取り組みです。

　OECDは2020年までに7％の削減を示していました。全産業界でこのような取り組みが進んでいくのであれば、7％をはるかに超える数値を実現するでしょう。

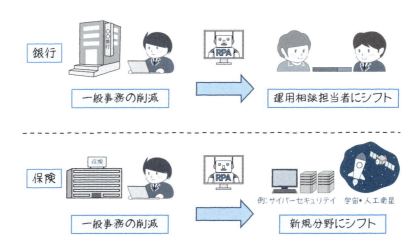

図2.8　銀行は運用相談担当者に、保険は新規分野に人材をシフト

●リソースシフトだけではない

　リソースシフトの例で解説を進めてきましたが、処理量増加による売上拡大、人員削減によるコスト削減、そして業務の標準化を志向する企業も存在します。

　いずれの導入戦略を選択するにせよ、定義された処理を実行することと自動化による効果であることは明らかです。

2.5 RPAの導入で生産性が倍になる企業や組織

2.5.1 バックヤードの事務処理

　事務処理が大量で、データの入力などの機械的・定型的なパソコンでの操作が多い仕事が大半を占める職場では、RPAの導入で大きな効率化や生産性向上が見込めます。たとえば、書類をもとにしたデータ入力が多いバックヤードの仕事や、各種のデータ入力や参照などを行う仕事です（図2.9）。個人顧客向けのサービスで大量のデータ入力を伴う職場などでは生産性が倍になることもあります。

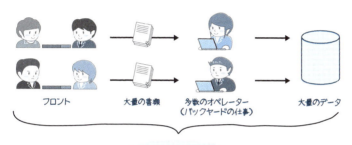

図2.9　バックヤードの仕事はRPAの導入で生産性が倍になることもある

　生産性が大幅に上がる企業や組織は、次の点が共通しています。

・機械的・定型的なシステムの操作
・大量のデータ
・多数のオペレーター
・上記が毎日継続
・個人顧客向けの仕事が多い

　上記の条件に適合するのであれば、データの入力や照合に関わっている人もかなりの数に達するので、投資に対しても十分見合います。

2.5.2 住宅ローンビジネスの例

　住宅ローンなどの個人向けローンは、金融機関が力を入れているサービスのひとつです。一般的に、仮申込み、仮審査、正式申込み、正式審査、ローン契約、実行のプロセスで進められます。

　現在は、仮申込みから融資の実行までで1カ月前後かかるといわれています。実行までの期間が長いと顧客が別の金融機関に向かう可能性もあります。また、期間を縮めることができればよりたくさんの契約をすることができますから、金融機関はローン実行までの期間短縮を進めています。

　仮審査では、顧客は職業、年齢、物件などの基本情報を提供して審査を受けます。この仮審査をクリアすると、正式な申込みと審査に移ります。

　経験したことがある人はご存じだと思いますが、正式申込みでは申込書に加えて、不動産の抵当権の設定、団体信用生命保険の申込書、利率の確認書など、たくさんの書類を作成します。また、不動産の売買契約書や登記簿謄本をはじめとする各種不動産物件の資料、源泉徴収票、印鑑証明などのように提出する書類も山のようにあります。

　これらの書類のカテゴリごとにシステムが複数存在していて、同じデータの入力、照合、移行・連携などが行われています。

　RPAを活用できる操作の例として、次のものが挙げられます。

・データの入力
・データの照合
・他のシステムへのデータの移行
・他システムのデータ参照

　住宅ローンの業務とシステムは、図2.10のようにまとめることができます。OCRの導入で早期のデータ化を図ることでRPAの導入も進めやすくなります。

38

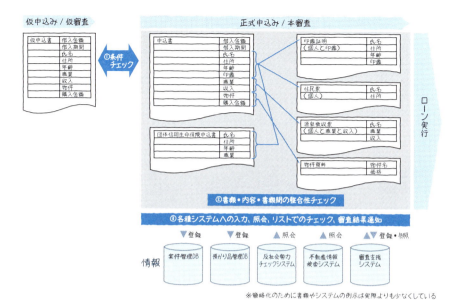

図2.10 住宅ローン業務とシステムの現状

　仮審査で基本情報に対する審査が通ったら本審査となります。
　本審査では、ローン案件としての管理に入るとともに、重要書類などの預かり品管理、反社会的勢力のリスクに関する調査、不動産物件の再確認、各審査項目を統合した審査の支援など、多数のシステムの操作とともに進められていきます（図2.11）。

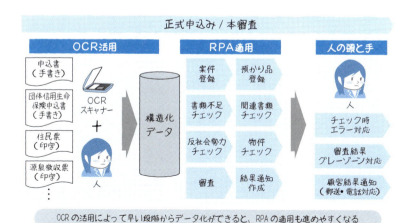

図2.11 住宅ローン審査業務のRPA化

図2.11では各種データとそれぞれのシステムを人間による操作で橋渡しをしていました。

この作業にOCRとRPAを導入すると大きく効率化が進みます。OCRを活用して各種書類をデータ化して構造化したデータを作り上げます。現在は人間がやっている橋渡しを、RPAを活用して構造化されたデータから各システムへのデータの入力や参照を自動的に行います。これにより、人の頭と手で行う操作や仕事は、エラー対応、グレーゾーン対応などの一部だけとなります。

2.5.3 住宅ローンの占めるウエイト

参考として、住宅ローンのビジネスとシステムを見ていただきました。

住宅ローンは多数提供しているサービスのひとつという企業であれば、住宅ローンでのRPA化を進めても、企業全体として生産性を倍にするのは難しいでしょう。

しかし、住宅ローンを基幹のサービスとして提供している企業であれば、図2.11からも想像できるように、生産性を倍にすることもできます。さらにOCRなどとあわせて導入を進めれば一層効果的です。

住宅ローンをはじめとする個人ローンの事務の現場では、段階的にRPAの導入が進んでいます。導入各社はいずれも大きな効率化や生産性向上を実現しています。

2.6 RPAの効果の真実

「RPAはすごい効果を上げることができる」と紹介されることがたびたびあります。

新聞、雑誌、書籍などのメディアで、50％の業務効率化ができた、150％の生産性向上が実現できたなど、具体的な企業名と効果の数値が発表されている例もあります。事例によってはそれ以上の数値が示されていることもあります。

確かに50％や150％を超えると、かなり大きな効果が出ていると多くの人が認める数値ではないでしょうか。

コスト削減、業務効率化、生産性向上など、伝えられている効果はさまざまですが、ここで整理をしておきます。

2.6.1 RPA導入効果の真実

導入の効果は、次の組み合わせから生まれるものです（図2.12）。

①RPAソフトウェアの特性による効果
②ロボットファイルの設計ノウハウによる効果
③システム全体としての効果
④導入活動による効果

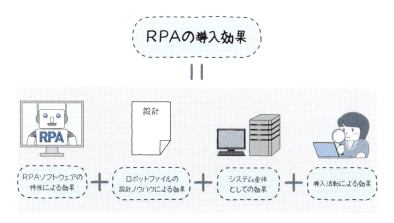

図2.12　RPA導入効果の真実

実は①のRPAソフトウェアそのものよりも、②・③のシステム的な効果や、④の導

入活動による効果のほうが、その成果は大きいのです。

　筆者もさまざまなメディアでRPAの効果を紹介してきましたが、これまではこれらの効果を切り分けることなく語っていました。しかし、RPAの仕組みをベースとしてひもといていく本書では、①～④を整理した上でRPAの効果を解説したいと考えています。

　たとえ話ですが、RPAそのものを料理の素材として、ロボットファイルの設計・開発でどのような料理に仕立てるか、コース料理としてどのようにシステムを組むか、導入活動はレストランのサービス全体などの視点で考えてみてはいかがでしょうか（図2.13）。

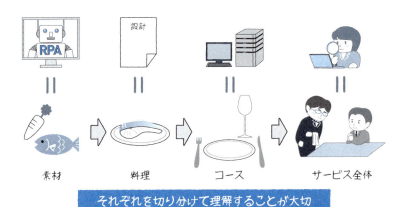

図2.13　素材、料理、コース、サービス全体の視点から考える

　それでは、①～④について詳しく見ていきます。

2.6.2　RPAソフトウェアの特性による効果

　1.1.1で、RPAは開発者によって定義された動作を自動的に実行するツールであると述べました。定義された通りに実行されるならミス自体がありません。高品質な作業で、その後の見直しや再度の確認は不要になります。

　さらに、自動実行により、入力や照合などの操作の量によっては人が操作するよりも確実に速くなります。

　上記のソフトウェアとしての2つの特性は、いずれも効率化と生産性向上に直接的に貢献します。また、導入に関わるコストがそれまで操作していた人間の人件費よりも低い場合には、コスト削減という効果にもつながります。

RPAソフトウェア特性による効果を便宜的に一次効果と呼びます（図2.14）。

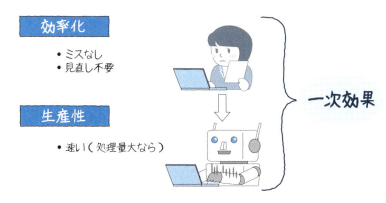

図2.14　一次効果：RPAソフトウェア特性による効果

2.6.3　ロボットファイルの設計ノウハウによる効果

　定義の通りに自動的に実行する特性を前提として、ループのような反復処理を設計して実装する、人間が休んでいる時間にスケジューリングして処理を実行するなど、効率化や生産性向上に貢献する数値的な効果は一層大きなものになります。

　動作の反復や実行のタイミングのスケジューリングの方法には、ロボットファイルの設計者や開発者のそれまでのノウハウが活かされる場でもあります。

　また、部品化を意識して設計・開発を進めることができれば、導入活動による標準化などとあわせて新たな付加価値を生み出すこともできます。

　標準化は、別の業務への展開や全社的に拡大する場合などでは一層大きな効果が期待できます。このロボットファイルの設計による効果を二次効果と呼びます（図2.15）。

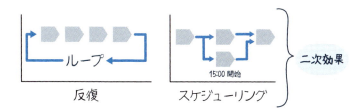

図2.15　二次効果：ロボットファイルの設計ノウハウによる効果

2.6.4 システム全体としての効果

　個別の端末の仕事を置き換える、ワークグループとしてサーバーとクライアントで考える、仮想環境により部門全体で使えるシステムにするなど、これらは二次効果とあわせて検討がなされるはずです。

　申込書などの帳票を起点として流れている事務の仕事では、RPAだけでなくOCRもあわせて導入するのが主流となっています。一部では既にAIを導入する動きもあります。

　詳しくは第4章で解説しますが、RPAとOCRなどとの組み合わせでもシステム全体として大きな効果を生み出します。このシステム全体としての効果を三次効果と呼びます（図2.16）。

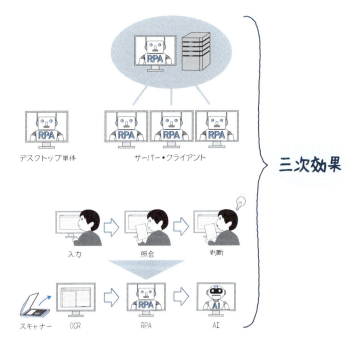

図2.16　三次効果：システム全体としての効果

　図2.16の下側は、データ入力・照合・判断から成るプロセスを、OCR・RPA・AIで置き換える例です。

2.6.5　導入活動による効果

　RPAの導入を検討する際に、対象の業務やパソコンやサーバーでの操作を見える化して、実際に導入できる部分とそうでない部分を切り分けます。

　このような活動により、処理量の多い仕事や定型的な反復で時間を要する仕事など、確実に効果が上がる領域をターゲットとして導入を進めることができます。

　また、見える化や業務分析を進めていく中で、業務や操作の改善も進んでいきます。

　この導入活動による効果を四次効果と呼びます（図2.17）。詳細は第9章で解説します。

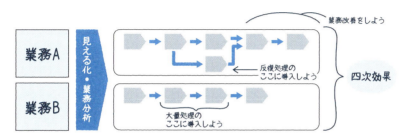

図2.17　四次効果：導入活動による効果

2.6.6　効果の関係

　ここまで整理してきた一次から四次までの効果をまとめて見てみると、RPAの効果というのは一次から四次までの効果を合わせたものであることがわかります（図2.18）。

　4つの効果を裏付ける活動で最適化を図ることができれば、50％の効率化や150％の生産性向上も夢ではなさそうです。

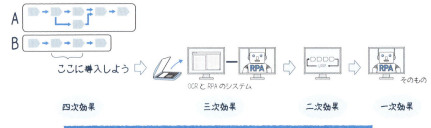

図2.18　一次から四次の効果で全体の効果は構成される

まとめると、RPA導入の効果は、次の4つの効果から構成されます。

- この業務に導入しようと決めて導入活動を進めた結果として上がる効果
- 対象業務にRPAとOCRなどの最適なシステムを導入する効果
- RPAの設計開発における開発者の知見による効果
- RPAそのものが持っている定義された処理を自動で実行する効果

図2.18から四次や三次の効果のほうが、二次や一次の効果よりも大きいことが見て取れます。

2.6.7　効果の鵜呑みに注意

「RPAの効果はすごい」といってもらえるのは喜ばしいことです。しかしながら、ここまでで確認したように、RPAそのものだけでの効果はそれほど大きくはないのです。むしろ効果に占める割合は、導入に向けた活動のほうが大きいかもしれません。

したがって、単純にRPAというソフトウェアそのものを導入しただけでは劇的な効果が得られるわけではないので注意してください。導入活動やシステム全体への取り組みがあってこそ大きな効果となるのです。

2.7 効果は不安を上回る

ここで、先行企業が導入に際してどのような点に不安を感じてきたかについても目を向けます。大きくは、次の4点に集約されます。

・想定通りに動かなくて仕事が回らなくなったらどうしよう
・ロボットの暴走や放置などへの対応
・人間がいなくなっても大丈夫か？
・業務変更や追加に対するメンテナンス

それぞれについて詳しく解説していきます。

2.7.1 想定通りに動かなくて仕事が回らなくなったらどうしよう

RPAに限らず新しい技術を導入するときの共通の悩みです。人間の操作をRPAに代行させるので、このように考えるのは当然のことです。

この不安は、2.6で述べた一次効果と表裏一体です。RPAそのものを学習したり、PoCで実際に触れて導入の可否を見極めたり、ソフトウェア特性の理解を深めることにより対処します。

2.7.2 ロボットの暴走や放置などへの対応

AIに関しては、当初想定した活用領域を超えて暴走しないか、ということが以前から不安視されています。

RPAに対しても同じような印象を持つ人がいます。RPAは1.1で説明したように、定義された処理を実行するソフトウェアです。したがって、定義に間違いがなければ暴走はありません。2.6で述べた二次効果と表裏一体です。

なお、エンドユーザーが作成したことを公表しなかったロボットなどは後で放置されることもあり得ます。全体としてロボットファイル稼働後のファイル管理をこまめに行う必要があります。システムの運用という観点で三次効果へとつながります。

気を付けなければいけないのは、ユーザーが独自に作成したロボットをどうするかです。少なくとも、どの端末にどのようなロボットが存在しているかは組織で共有できるようにしておきたいところです。

図2.19のように暴走しているロボットは誰もがすぐにわかりますが、放置されたロボットは誰にも気付かれない悲しい存在です。

図2.19 ロボットの暴走や放置

2.7.3　人間がいなくなっても大丈夫か？

導入当初はいきなりRPAに置き換わるのではなく、これまでその仕事に携わっていた人がシステムのそばに待機しているのが通常です。導入が進んでいくと、以前に操作していた人もいなくなります。

設計・開発にも関わりますが、システム開発ならびに運用の全体として対策をとる必要があります。エラー時の対応をシステムに織り込む、RPAの操作や導入以前の操作をドキュメント化して共有するなどの取り組みでRPAが予期せぬ停止をしても対応できるようにします。

2.7.4　業務変更や追加に対するメンテナンス

稼働後にロボットファイルの動作を変更したい、法令対応による業務変更を受けてのロボットファイルの変更、シリーズ商品追加によるロボットの追加などのニーズがあります。

そうしたニーズのすべてに対応するのは困難です。したがって、導入活動の中で業務変更や追加の頻度、そのニーズを見極めます。

また、そうしたニーズに対応するために、メンテナンスの担当者や担当部門をあらかじめ定めておく必要があります。

先行企業が心配してきたことは、2.6で解説した導入効果を上げるための一連の活動と表裏一体です。

それぞれの活動を綿密に遂行できれば不安や心配に打ち勝つことができます。

2.8 RDAとは？

2.8.1 RDAとRPAの違い

RPAという言葉とは別に、RDAという言葉もあります。

RDAはRobotic Desktop Automationの略称で、デスクトップの自動化ですから、単体のパソコンでの自動化やそれを操作する人間の仕事の自動化を指します。

対して、RPAはプロセスのオートメーションです。業務プロセス全体の自動化を目指す意味で、RDAと分けて使われることもあります。

RDAは個人向け、RPAは組織向けということもできます。

その他に、単純に物理的に分けて、デスクトップ側で動作するのをRDA、サーバー側をRPAとする言い方もあります。

改めて2つの使い分けを確認します（図2.20）。

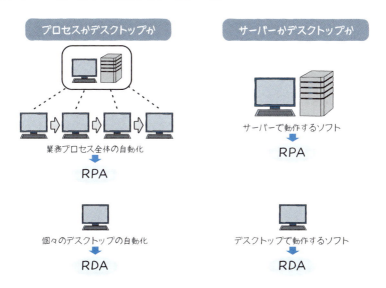

図2.20 プロセスかデスクトップか、サーバーかデスクトップか

COLUMN
RPAソフトの使い分け

●データベースの例

　既にRPAの導入を進めている企業は1つのRPAソフトだけを使っているわけではなく、複数のソフトを使い分けています。

　データベースの例で考えてみます。

　図2.21のようにOracle、SQL Serverなどを、基幹や部門のデータベースとして使っている企業は多いでしょう。それでは、部門の中の小規模なワークグループや個人でデータベースを使う場合にはどうでしょうか。

　フレキシブルな変更を必要とすること、それほどの堅牢性は要求されないことなどから、使いこなせる人が多いAccessを使うことが多いと思います。

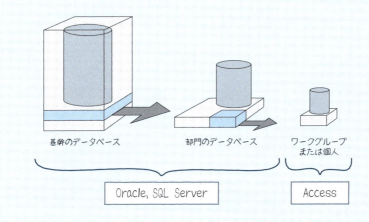

図2.21　データベースの使い分け：基幹、部門、ワークグループまたは個人

●RPAの場合

　実はRPAの場合も、同様な使い分けが進みつつあります。

　業務の一部や個人を対象にした使い方ではRDAが主流で、業務全体などの規模となると大規模業務に対応可能なRPAを選ぶという使い分けです。

　図2.21でいえば、Accessの位置にRDAが入り、OracleやSQLのところにRPAが入ります。したがって、活用するRPA製品は複数となります。

第 3 章

RPAの製品知識

3.1 RPA関連のビジネス

情報システム部門や開発者の立場になると、RPAのような新しい技術をどのように学ぶか、導入に向けておおよそどれくらいの作業や費用を必要とするのかは事前に確認しておきたい項目です。それらは、RPAベンダーがどのようなサービスを提供しているかという視点から見ることで容易に理解することができます。

サービスは、製品販売、研修、認定資格、コンサルティング、システム構築、技術サポートなどから構成されます。

3.1.1 製品販売

ソフトウェアの販売ならびに使用契約です。基本的には年単位のライセンスとなっています。たとえば、デスクトップ向けの開発環境と実行環境で、1ライセンス100万円などです。一部に買い取り式の製品もあります。

超概算ですが、1.2.2で述べたデータ入力・照合業務で、諸手当込みで年間480万円に相当する人件費が、実行環境のみのRPAだと40万円に置き換わるということです（図3.1）。

RPAによって置き換わった仕事に関わっていた人材はクリエイティブな仕事に携わることができます。

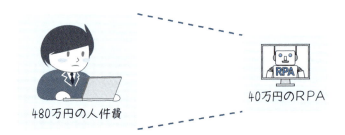

図3.1　人件費とRPA製品の価格

開発環境を除いた実行環境が人件費の12分の1程度で、筆者個人としては妥当な価格設定ではないかと思っています。機能が豊富な製品の価格は高く、機能が限定されている製品は高くありません。さらに、自分一人だけで働くタイプより、管理者の指示も受けられるタイプの価格が高いなど、一般的にスキルが高い人材の人件費が高くなるのと同じように考えれば良いでしょう。

3.1.2　RPAに関する研修

　製品ベンダーならびにパートナー企業が提供する製品の研修です。集合研修の形式が大半で、さまざまな企業や団体の人たちが参加しています。筆者も参加したことがありますが、自習するよりもはるかに効率的に学ぶことができます。

　研修では講師に直接質問することができるので、その場で疑問も解決できます。研修期間は数時間から長い場合は2週間程度のものもあります。費用はそれぞれですが、それなりの価格設定がされています。

　研修によっては、期間限定のトレーニング用のソフトウェア・ライセンスなどが付いているタイプもあるので、研修後の復習や同僚への説明などにも活用することができます。

　日程ほかの条件がありますから、事前に詳細を確認して臨んでください。

3.1.3　RPAに関する認定資格

　Microsoft、Cisco、Oracle、SAPなどでは、技術者としての専門的な知識を持っていることを証明するためにサーティフィケイト（認定資格）の取得が当然のようになっています。それらと同様にRPA製品でも各社独自の認定制度があります（表3.1）。資格の名称も個性的です。専門的に取り組むのであれば資格の取得をお勧めします。

表3.1　認定資格の例

製　品	認定資格名称（例）
Automation Anywhere	Advanced e-learning course on Robotic Process Automation
Kofax Kapow	Kofax Technical Solutions Specialist
Pega	Certified System Architect
UiPath	RPA Developer Foundation Diplomat
WinActor	アソシエイト、エキスパート

　現在の主流は、研修や自己学習の後でオンラインの試験を受けて合格すると認定がされるというシステムです（図3.2）。認定されると資格者としてIDが付与されます。認定者を必要とする企業や団体に有資格者としてのIDを示すことで、スキルの高さを証明することができます。

　受験や認定証の発行に際して費用が必要となる場合もありますので、詳細は個別に

確認してください。

ベンダー側の立場での話になりますが、海外でのRPAシステムの導入を支援する商談などでは有資格者を必要とするケースが増えています。近い将来、日本でも有資格者がいないと提案や入札ができないという状況になるかもしれません。

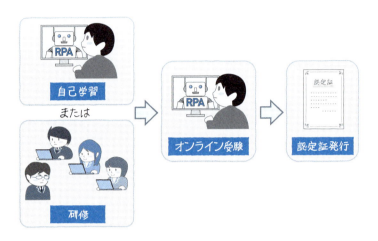

図3.2　オンラインでの認定試験

3.1.4　導入支援コンサルティング

実際の業務にはじめてRPAを導入するときには不安を感じるかと思います。さらに、全社に導入するなどの状況であればなおさらです。

そのため、導入に関しての経験や知見を備えている人材のサポートを検討することは必然的な話であると思います。

こうしたことに応えるために、製品ベンダー、ITベンダー、コンサルティングファームなどは、導入の支援に関するコンサルティングを提供しています。コンサルティングは導入規模や期間によって提供する支援内容や成果物が変動します。「これくらい」と具体的な金額をお伝えするのは難しいですが、それなりの金額にはなります。

●2つのコンサルティング

RPAの導入に関してコンサルタントの存在は日常的になっています。

コンサルティングには大きく2つの種類があります。

①業務とRPAシステムに根差したコンサルティング

RPA導入コンサルと呼んでもいいでしょう。提供されるサービスには次のようなものがあります。

- ・RPAを導入する業務の選定
- ・現行業務の可視化と業務フロー作成
- ・導入後の業務フロー作成と効果検証
- ・RPAソフト選定の支援
- ・導入の支援

②経営的な視点でのコンサルティング

経営や全社という観点でのコンサルティングです。提供されるサービスには次のようなものがあります。

- ・導入戦略や全体計画の策定
- ・経営施策の観点からの効果検証
- ・プロジェクトマネジメントオフィスとしての全社導入のマネジメント

なお、業務と経営的な視点でのコンサルティングに分けましたが、この後に解説する技術サポートをより厚くして、技術コンサルティングとして見せる場合もあります。ただし、これは製品ベンダーに固有のサービスになります。

業務コンサルティングは対象業務とRPA導入に関する成果物がメインで、経営コンサルティングは戦略や全体計画策定、マネジメントがメインです。

3.1.5 技術者派遣、技術サポート

コンサルティングに含まれる場合もありますが、導入全般というよりも、技術的な観点から必要なタイミングで技術者を派遣する、技術者によるQA対応を行うなどのソフトウェアやシステム開発に特化したサービスです（図3.3）。

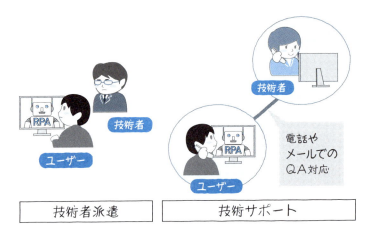

図3.3　技術者派遣とQAサポート

　RPAソフトウェアやロボットファイルの開発に不慣れな場合は技術者派遣で対応し、ある程度習熟しているならば電話やメールでのQAで用が足りるでしょう。なお、技術者を派遣する日数やQAサポートの期間が定められているので事前に確認してください。

　ここまででRPAに関連する主要なビジネスを紹介してきました。RPAベンダーや提携パートナーは、ここまでに挙げたビジネスのほぼすべてを提供しています。もちろん、ユーザー企業の立場からすれば、自社で内製するか、一部でも外部のパートナーを活用するかで、実際に活用を検討するサービスは異なります。

3.1.6　PoC、トライアル関連

　マスコミなどで一部の大手企業におけるRPAの導入が伝えられていますが、全体としてはこれからといった状況です。そのため製品ベンダーによっては、PoCやトライアル向けのサービスを提供しているベンダーもあります。

　たとえば、2〜3カ月などと期間を限定してソフトウェアをトライアルとして利用することができる、期間内のQAサポートが付いているサービスなどです。年間のライセンスや通常のQA対応におけるサービスの価格と比較すると、数分の1程度の価格で利用可能です。「お試し」という観点での使い方であれば有効なサービスです。

　導入自体を決めきれていない、ソフトウェアやベンダーの選定に迷いがあるような状況であれば、このようなサービスを検討する価値はあるでしょう。

3.1.7 展示会、セミナー

　個別の製品ベンダーによるサービスというより、展示会やセミナーなどを専門的に開催・提供している企業が提供しているサービスです。

　現時点では、他の技術や製品などと比べると展示会の開催規模は少なく数も少ないですが、今後の企業や団体での導入の増加に応じて、規模や数は大きくなっていくでしょう。

⫼ COLUMN
RPAから生まれる新しいビジネス

　人材派遣会社が必要な人材を提案・提供してくれるビジネスは今では一般的になっています。同様なことを人材でなくRPAに置き換えると、必要なRPAを必要なタイミングで提供することになりますが、それ自体は簡単なことではありません。

　近い将来、RPAソフトウェアと関連システムに関する専門的知見から、次のようなビジネスが生まれる可能性もあります。

- ・RPAをスポットで提供する
- ・ロボットのメンテナンスを代行する
- ・人を管理するようにロボットの管理を代行する

　人を派遣する代わりにRPAをインストールして設定する、ロボット全体の管理やメンテナンス代行など、確かに新しいサービスです。

3.2 代表的なRPA製品

3.2.1 メジャーな製品

Automation Anywhere、BizRobo!、Blue Prism、Kofax Kapow、NICE、Pega、UiPath（ユーアイパス）、WinActorなどが代表的なRPAの製品です。

これらの製品をメーカーが直接販売することもありますし、国内のITベンダーと提携して販売している製品もあります。

海外発の製品が多いことから、画面は英語表記が大半です。今後、日本語対応が急速に進んでいくでしょう。

なお、各製品本体の他に、SQLなどのデータベースやCitrix（仮想デスクトップ）などのソフトウェア製品を必要とする製品もあります。その場合には本体とは別の製品の手配や費用が必要になるので留意してください。

3.2.2 日本市場の先駆者

日本国内のRPA市場は、RPAテクノロジーズのBizRobo!が牽引してきました。

また導入企業数ではNTTデータが提供している純国産製品のWinActorが最も多いといわれています。

RPAの啓発と導入支援を進めてきたコンサルティングファームとして、アクセンチュアやアビームコンサルティングなどの名前が挙げられます。

3.2.3 RPAの製品一覧

RPAの各製品の特徴は次の通りです。

●Automation Anywhere（米国）

RPAのパイオニア的存在であり、幅広い機能を有しています。Process Maturity Modelと名付けられたBPMS（Business Process Management System）による継続的なプロセス改善と連携した活用を推奨しています（3.4でオンライン学習を紹介します）。

●BizRobo!（日本）

日本市場の先駆者でRPAテクノロジーズが提供している製品です。当初はKofax Kopowをベースとしていましたが、独自機能を追加して幅広い機能の製品を提供しています。ロボットらしいシナリオ作成でOCRとも連携しています。

●Blue Prism（英国）

RPAのパイオニア的存在で幅広い機能を有しています。ロボットの設計と開発を一体で進めていく特徴があります。（第6章で設計画面、第10章でセキュリティ関連の画面を紹介します）。

●Kofax Kopow（米国）

多様なシステムをデータソースと捉えて、RPAでデータを抜き出して統合・最適化することを目指しています。ロボットらしいシナリオ作成でOCRとも連携しています（第6章でオブジェクトタイプの一例として解説し、第10章で運用管理画面も紹介します）。

●NICE（イスラエル）

ロボットの設計と開発を一体で進めていく特徴があります。ロボットの仕事の間に人の仕事を入れて、人との協働として管理することもできます。

●Pega（米国）

BPMSをサポートするのがRPAという考え方に基づく製品です。業務の分析と改善はBPMSが、BPMSではできない現場の操作の改善はRPAが担います（第6章でプログラミングタイプの一例として解説し、第10章で運用管理画面も紹介します）。

●UiPath（米国）

Windowsとの高い親和性があり、画面キャプチャタイプの直感的なシナリオ作成が可能です。日本語に対応した無料のオンライン学習が受講可能です（3.4でオンライン学習を紹介します）。

●WinActor、WinDirector（日本）

　純国産製品で画面は日本語です。豊富なライブラリが提供されており、開発もしやすい製品です。導入企業や団体の数は間もなく1,000を超える見通しです（第6章で画面キャプチャタイプの一例として解説し、第10章で運用管理画面も紹介します）。

　なお、ここで紹介した各製品のデスクトップはWindows 7以降に、サーバーはWindows Serverに対応（バージョン、レベルは要確認）しています。Linuxサーバーに対応している製品もあります。詳しくは各社や提携パートナーのサイトで確認してください。

COLUMN

RPAが動作している間は、端末は使えない？

　RPAという言葉が知られ始めたときには、RPAが処理を実行している間はその他の端末操作はできないといわれていました。確かに製品によっては端末を占有するものもあります。
　一方で、RPAの処理実行の際にその他のアプリケーションの実行を許容する製品もあります（図3.4）。

端末を占有

他のアプリケーションも許容

図3.4　占有する・他のアプリケーションを許容する

　しかし、このような製品でも他のアプリケーションの実行は推奨していません。その理由は、ロボットファイルが動作しているかどうかを目視できる状況にしたいからです。
　そのため、結果的にはRPAが動作している間は「端末操作はしない≒使えない」が適切な言い方だと思います。RPAの学習で端末を使っている間は、他の操作はしないで学習に専念するのが良いでしょう。

3.3 RPAソフトウェアの学習

RPAソフトウェアは多くの方にとってはじめて学ぶソフトウェアです。基本的にはゼロの状態から学習することになるでしょう。本節ではどのように学習を進めていくかをお伝えします。

3.3.1 学ぶ・作る・使う

RPAの学習は、基本的には、学ぶ→作る→使う、の3ステップで進めます（図3.5）。他のソフトウェアでも基本的には同様です。

RPAソフトウェアがどういうものかの概要ならびに詳細を学ぶという観点では、本書を活用することでかなりの部分がカバーできるでしょう。

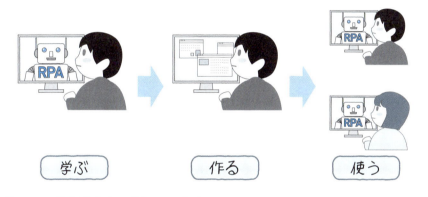

図3.5　RPAの学習は学ぶ→作る→使うのステップで進める

RPAはソフトウェアのロボットですから、この中では「作る」というステップがポイントになります。そのため、以降では作ることを意識した学びに絞って紹介していきます。

従来、オーソドックスな学び方は、実際に使用する製品を購入して学ぶという方法が一般的でした。しかし、現代のインターネットの時代となってからは、いかにお金と時間をかけずに学ぶかということも情報システム部門や開発者のテーマとなっています。したがって、できるだけお金をかけない学びの順番で解説を進めていくことにします。

3.3.2 基礎情報の入手

　書籍や新聞、雑誌の記事などで基礎知識を固めます。新聞や雑誌では動向を、ウェブサイトや書籍では導入手法や技術的な観点を学ぶのが良いでしょう。

　広告も入ってはいますが、RPAテクノロジーズがサポートしているRPA BANK（https://rpa-bank.com/）のサイトでは製品やサービスに関しての新しい情報を入手できます。

　なお、新聞や雑誌の記事などは、常にアンテナを張っていないと見逃してしまいます。ぜひ、日々の仕事や生活の中で頭の片隅でも良いのでRPAについて意識しておいてください。

　その他には、製品ベンダーやパートナー企業のウェブサイトなどで概要や詳細を確認するなどの方法があります。

3.3.3 オンライン学習

　フリーソフトや学習用や評価用でオンライン学習ができる製品があります（図3.6）（詳しくは3.4で解説）。オンライン学習はRPAソフトウェアそのものに触れることができますから、作るということも経験できます。

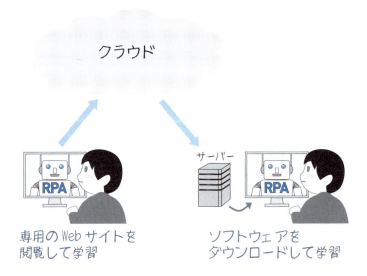

図3.6　オンライン学習でRPAそのものに触れることができる

3.3.4 製品購入

　予算があるのであれば、実際にRPAの製品を購入して学習するのが最もオーソドックスな方法です。

　製品購入のメリットは、製品版の詳しいマニュアルが入手できることや、製品ベンダーによってはQA対応の提供や担当者を付けてくれることもあることです。これにより、「学ぶ・作る」の進みは早くなります。

3.3.5 研修の受講

　3.1.2で紹介しましたが、ベンダーが提供している研修を受講するやり方です。日常業務がある中で、研修に行くのはスケジュール調整などを含め大変であるかと思います。しかしながら、短期間で学習するという点では効果的です。

　開発者を目指す人には研修の受講をお勧めします。

3.4 オンライン学習の例

3.4.1 UiPathのオンライン学習

　オンライン学習で比較的知られているのは、UiPathの「RPA Developer Foundation Training」です（図3.7）。日本語の画面での提供もされています。

　オンライン自習型の無料トレーニングで、初心者を対象とした内容となっています。トレーニングでは、概念の説明と実践的な演習やクイズを通じて、UiPath製品の機能や技術についての基礎情報を提供しています。

URL https//www.uipath.com/ja/rpa-academy
図3.7　UiPathアカデミートレーニングプログラムの画面

　トレーニングは14のレッスンから構成されており、学習終了時に無料の修了テストがあります。70％以上の得点で「RPA Developer Foundation Diploma」として認定されます。

　RPA Developer Foundation Diplomaは、UiPath製品における基礎的な開発スキルを身に付けた人材ということになります。受講経験者によれば、基礎的なプログラミングスキルを保有している人で20時間前後の学習時間を要するとのことです。

　図3.8はメールアドレスを登録すると閲覧できるレッスンのページです。

　UiPathのレッスンは日本語の画面でも提供されており（図3.8・図3.9）、RPAソフトの一例に実際に触れることができるという観点でお薦めできます。

図3.8　UiPathアカデミーのレッスンの画面[1]

図3.9　UiPathアカデミーのレッスンの画面[2]

　図3.8・図3.9の後に、ソフトウェアを活用してのレッスンが始められます。
　各レッスンの終了時には演習問題があります（図3.10）。演習に取り組むことで知識が確実に身に付くようになっています。

図3.10　レッスン後の演習画面の例

●UiPathのオンライン学習をする際の留意点

　UiPathのウェブサイトから確認できる「License Agreement」によると、企業がレッスンのためにダウンロードしたソフトウェアを利用する際には、評価とトレーニングの目的に限定されています。実務での利用は許容されていないので留意してください。お金をかけずに具体的な製品に触れることができるという点においては、ユーザー側としてありがたいサービスです。

3.4.2　Automation Anywhereのオンライン学習

　Automation AnywhereはRPAのパイオニア的な存在で、こちらもオンライン自習型のトレーニングサイトを提供しています（図3.11）。2018年6月時点では日本語版での提供はなく、英語版での提供となっています。
　UiPathではacademyでしたが、Automation AnywhereはUniversityと呼んでいます。トレーニングの名称へのこだわりにも各社の個性が出ています。

URL https//www.automationanywhereuniversity.com/

図3.11　Automation Anywhere Universityの画面①

　ページをスクロールしていくと、図3.12のようにRPAに関する概要の説明があります。こちらもメールアドレスなどの登録を終えると、Learning Portalに進むことができきます。

図3.12　Automation Anywhere Universityの画面②

　Automation AnywhereはBPMSとの連携も進めていることから、学習内容はBPMSの要素も持っています（BPMSに関しては4.7で詳しく解説します）。
　LESSONSの最初に、Process Maturity Model（PMM）と名付けられたビジネス・プロセスの分析があります。PMMが継続的なプロセス改善の土台となると説明されていますが、その後でAutomationの紹介に入っていきます。

3.5 RPAのフリーソフト

3.5.1 RPA Expressはどんなソフト？

　RPAにも他のソフトウェアと同様にフリーソフトが存在します。ここでは、業界でも知られているフリーソフトであるWorkFusionの「RPA Express」を紹介します。
　RPA Expressの「License Agreement」によれば、評価としての利用だけでなく業務としての利用も許容するとしています。
　WorkFusionはAI関連の企業で、RPA Expressを戦略的に無償で提供し、その後につながる関連製品やサービスの販売を目指しているのでしょう。
　一方、3.4で紹介したUiPathは評価とトレーニングでの活用はできますが、業務としての利用には製品購入が必要です。
　こうしたWorkFusionとUiPathのビジネスモデルの違いは興味深いところです。

3.5.2 RPA Expressの画面

　RPA Expressを利用する際には、図3.13の画面から入ります。

URL https://www.workfusion.com/rpa-express

図3.13　RPA Expressの最初の画面

[Download for free] をクリックして表示される画面でメールアドレスなどの情報を登録すると（図3.14）、メールが届きます。届いたメールからダウンロードに進みます。

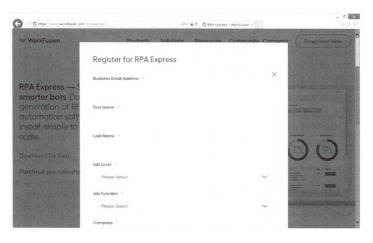

図3.14　RPA Expressのメールアドレスなどの入力画面

　ダウンロードに際しては、比較的高性能のパソコンが必要となります。
　今の時代ですから、導入に際して「フリーソフトはあるの？」とか「まずは、フリーソフトで試してみたい」などという声は必ず上がるかと思います。他にもさまざまなフリーソフトがあるので調べてみてください。

3.6 学びの順番について

よく受ける質問のひとつに「RPAとRDAのどちらから先に学べばいいのか」があります。

難しい質問ですが、実際の導入では、ワークグループであればRPA、デスクトップ単体であればRDAと、ニーズや使い方によって変わってきます。

ここではあくまで「導入前の学習」という観点で考えてみます。

3.6.1 物理的な制約

RPAの場合は、インストールする端末や学習に利用する端末の数量は別として、サーバーとデスクトップでの導入となります。したがって、サーバーが必要という物理的な制約があります。

RDAの場合はパソコン1台から利用できます。

3.6.2 コストの違い

第1章で解説したように、RPAソフトは複数のロボットを管理できるツールが含まれていることから、ソフトウェア自体もRDAよりも高額になります。

また、空いているサーバーがないと（一般的にはないですね）、サーバー購入のためのコストもかかります。

さらに、RPAの場合にはデータベースその他の製品も必要とすることが多いことから、それらのコストも加わります。

したがって、予算をどれだけ持っているかで決まってしまうかもしれません。

RPAとRDAの金額の差を整理すると次の通りです。

- ソフトウェア自体の価格差（複数のロボットを管理するツールの有無の差）
- サーバーの調達にかかるコスト
- データベースその他の製品の調達にかかるコスト

上記の3点をあらかじめ認識しておいてください。

3.6.3　無難なのはRDA

　RPAにはサーバーが必要で、さらにソフトウェアも高額であるというハードルを考慮すると、取りあえずRDAから学習するのが無難な選択です。サーバーがない、管理ツールがないということを認識した上でRDAから学習を進めれば良いのです。

　RPA・RDAのメインであるロボットファイルの開発という観点では、いずれも大きな差はありません。

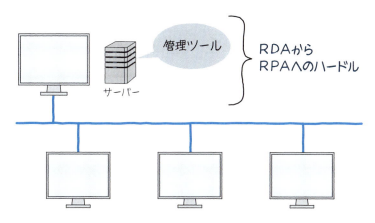

図3.15　RDAからRPAへのハードル

　RDAは管理ツールならびにサーバーからの管理がないので、ソフトウェアとハードウェアの構成が異なります。RPAとの関係でいえば、RDAはRPAのあくまで一部です。

COLUMN
RDAからRPAへの壁とRPAの多様性

　先ほど学びの順番について考えてみましたが、RPAとRDAのどちらを先に学ぶかは、本書のような書籍が登場する前は悩ましい問題でした。
　顧客企業やベンダーの方々も同じような思いを抱いていたようです。

●RDAから学ぶと

　RDAから学ぶとRPAが難しく感じます。RDAは管理ツールやサーバーは持たないので、RPAに対してソフトウェアとハードウェアの両面からはるかに小さいものです。このように伝えられるとわかりますが、本書のような書籍がない時代には自らの目で確認するしかありませんでした。
　読者の皆さんはもはやこのような経験をすることはないでしょう。

●RPAから学ぶと

　RPAから学ぶと何がRPAかわかりません。それぞれの製品は大きな意味では同じような機能なのですが、機能の名称がそれぞれ異なっている、技術的なバックボーンが異なる、などの違いがあります。
　それがゆえに、1つ目に学んだRPAソフトと2つ目に学んだRPAソフトに大きな違いがあるように感じて、何がRPAというものかわからなくなってしまう状況に陥ります。加えて、英語版の製品が大半ということが拍車をかけます。理解するためには、製品間の違いを認識して共通項を捉えることです。具体的には第5章、第6章で解説します。

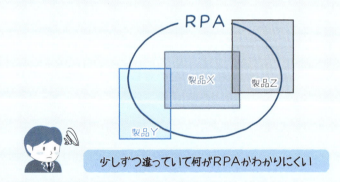

図3.16　RPAの多様性から混乱

第 4 章

RPAに近い技術

4.1 RPAに近い技術の代表例

4.1.1 RPAに近い技術

　RPAの導入シーンにおいては、本節で紹介する技術が組み合わされて導入される機会が増えています。各技術の詳細については次節から解説しますが、実際の活用シーンをもとに、RPAと近い技術であるExcelのマクロ、AI、OCR、BPMSの関係の一例を表すと、図4.1のようになります。詳しくは4.7で解説しますが、BPMSのみ異なる立ち位置に存在します。

　それぞれの技術は、RPAと組み合わされて活用されることにより、一層注目を浴びるようになりました。

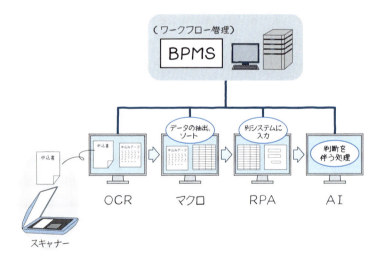

図4.1　RPAと近い技術の関係の例

●Excelのマクロ

　最も身近な自動化ツールです。基本的にはExcelとExcel周辺のアプリケーションが対象になります。

⦿AI（Artificial Intelligence）

AIは人間が考えて行うのと同じような処理が実行できます。

それに対し、RPAは開発者が定義した処理を忠実に実行します。

⦿OCR（Optical Character Recognition／Reader）

OCRは「紙」や「画像」から文字を読み取り自動的にデータ化します。手書きや印字された文字をデータに変換してくれます。

RPAはOCRのようにイメージをテキストデータに変換することはできません。OCRとあわせて活用するシーンは増えています。

⦿BPMS（Business Process Management System）

ビジネス・プロセスを分析して改善するステップを内蔵したシステムで、BPMSを導入したワークフローは容易に変更することができます。

BPMSの配下にRPAを置く使い方はありますが逆の関係はありません。

⦿その他の技術

参考までに、EUC（End User Computing）、IoTロボットとRPAとの関係についても紹介します。

EUCはシステムの利用者や部門が、自らそのシステムを構築する活動で、技術ではありません。しかしながら、ロボット開発はユーザーが行うべきとの意見があるので、RPAにおけるEUCの考え方に触れておきます。EUCとRPAの親和性などを整理します。

さらに、「ロボット」として似ている部分もあるのでIoTロボットも見ておきます。IoTロボットは物理的なロボットで、入力・制御・出力で動作します。

それではExcelのマクロから解説を始めます。

4.2 Excelのマクロ

Windowsを利用する中で、Excelのマクロは自動化ツールとして最も身近なものとして挙げられます。ここでは、RPAとの違いと共通点に絞って解説します。

4.2.1 RPAとマクロとの違い

マクロは、Excel内もしくはExcelと周辺のアプリケーションとのデータのやり取りなどを自動化することができます。

RPAはExcelを含め、さまざまなアプリケーション間のデータの連携などを実行できます。マクロは、Excelと他のアプリケーション間でインポート・エクスポートといったデータのやり取りもできます。

Visual Basicの文法をベースにMicrosoft Office製品用にカスタマイズされているVBA（Visual Basic for Applications）をマクロと分ける考え方もありますが、本書ではマクロに含めることにします。

自動化という観点では、マクロはExcelと連携した範囲での自動化にとどまるのに対して、RPAはさまざまなアプリケーションをつないで自動化できることが大きな違いです。図4.2を見ると、Excelが中心となるマクロ、Excelにこだわらないの違いがよくわかると思います。

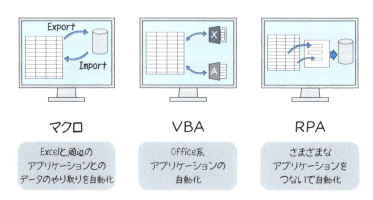

図4.2 マクロとRPAの違い

4.2.2 RPAとマクロとの共通点

　もちろん自動化という点でマクロとRPAは共通しています。マクロとRPAには、次の2つの共通点があります。

①処理の定義の方法（処理の記録の方法）
　処理の定義の方法は、第6章で説明するロボットのシナリオ作成が画面キャプチャタイプの製品の場合、Excelのマクロとほぼ同様です。

②動作
　RPAが自動化ツールとして自ら処理実行の動作をしますが、マクロも同じような動きを見せてくれるケースもあります。処理の内容によっては、疑似的にRPAと同じような「動作」を見ることができます。

　次節で①・②を満たす簡単なマクロのモデルを見てもらいます。
　RPAにまだ触れていない人であれば、「こんな感じで定義する・動く」の一例にもなりますし、RPA経験者であれば、「学習を始めた頃が懐かしい」という受け止め方になるでしょう。

4.3 RPAを連想させるマクロのモデル

4.3.1 マクロ機能の有効化

　本節ではRPAの処理の定義に加えて、自動で動作している姿がRPAを連想させるマクロのモデルを作成してみます。まずはマクロ機能を有効化します。

　Excelのマクロ機能はデフォルトでは表示されていません。

　有効化するためには、［ファイル］→［オプション］→［リボンのユーザー設定］を選択します。図4.3では右側の［メインタブ］の［開発］チェックボックスにチェックを入れて、［OK］をクリックします。

　これで最初は表示されていなかった［開発］タブが出てきます。有効化の設定をしていないと［開発］タブは表示されません。

図4.3　［リボンのユーザー設定］画面

4.3.2 ダイアログ設定

　初期画面で［開発］タブに切り替えて、［マクロの記録］を選びます（図4.4）。

図4.4 マクロの記録

［マクロの記録］ダイアログが出てきます。その画面でマクロ名、マクロを起動するためのショートカットキーなどを設定します（図4.5）。

今回は動きを見るのが目的なので、マクロ名はデフォルトの「Macro1」のままで進めます。マクロ機能が有効化できたところで、やりたいことを共有します。

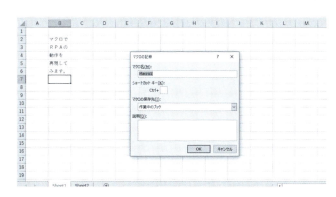

図4.5 ［マクロの記録］ダイアログ

4.3.3 マクロでやりたいこと

本節で見るマクロは、RPAの動作を連想させる処理です。

図4.6を見てください。簡単な例ではありますが、ワークシートのSheet1に縦に言葉を並べて、ワークシートのSheet2にそれらの言葉を横に並べてコピーして文章にします。

例では、セルB2からB6までに、「マクロで」「RPAの」「動作を」「再現して」「みます。」と入力しています。

図4.6　ワークシートのSheet1の入力例

　簡単に作成するために、同一ファイル内の2つのワークシートで開発します。頭の中ではアプリケーションAからアプリケーションBにデータをコピーするようなシーンを想像するとわかりやすいでしょう。

　コピー元のSheet1では上から縦に単語が並んでいますが、コピー先のSheet2には、C2に「マクロで」、D2に「RPAの」、E2に「動作を」、C4に「再現して」、D4に「みます。」のように横に展開します。

　縦から横に各セルの値を順次コピーしていきながら、同じ処理を繰り返すことから、一瞬ではありますが、動いているのを目で追うことができます。

　実際には一瞬ですが、あえて音で表現すると「シュパ、シュパ、シュパ、シュパ、シュパ」とか、「シュ、シュ、シュ、シュ、シュ」というような感じで、速い動作を感じさせます。

4.3.4　マクロに記録する前の準備

　それではSheet1に先ほどの図4.6のようにデータを入力してみましょう。例ではB1セルからB5セルの5つを使っています。

　念のためにワークシートの＋をクリックしてSheet2を表示しておきます。

4.3.5　モデルのマクロの記録

　4.3.2のダイアログ設定に戻り、マクロ名はデフォルトの「Macro1」のままで進めます。

　［OK］をクリックすると記録モードとなるので、登録したい操作を行います。Sheet1からSheet2に5回のコピー＆ペーストを行います。

　操作が完了したら、［記録終了］をクリックします。

4.3.6 モデルのマクロの実行

記録したマクロを実行するには、[開発] タブの [マクロ] ボタンをクリックします。
図4.7のようなダイアログが出てくるので、[Macro1] を選んで [実行] ボタンをクリックすると、図4.8のようにMacro1が実行されます。

図4.7　Macro1実行直前（Sheet1）

図4.8　Macro1実行後（Sheet2）

4.3.7 モデルのマクロの利用法

このようなモデルのマクロにより、RPAをまったく見たことがない人に「RPAはこんな感じで動きます」とイメージをつかんでもらうことができます。

Sheet1とSheet2の背景色を変えたりすれば、アプリケーションAからアプリケーションBに処理をするように見せることもできます。

RPAとマクロは実に相性の良い技術です。企業での活用シーンとしては、マクロでデータの抽出や並べ替えなどをしてRPAにつなぐことで、RPAの仕事を単純作業に落とし込むような使い方です。活用のコツは、Office製品を使っているのならRPA単独で考えず、マクロという選択肢も用意しておくようにすることです。

4.4 │ AIとRPAの関係

現在はAIブームでもあり、RPAがAIとの関連で語られることはよくあります。RPAとAIが連携している製品などもありますが、両者のすみ分けは明確です。

4.4.1　機械学習

まずは、AIで一般的になりつつある機械学習の概要を説明しておきます。

AIは機械学習やディープラーニングなどのさまざまな技術の総称です。なかでも機械学習は実装が最も進みつつあります。

機械学習はコンピューターがサンプルとなるデータを繰り返し解析することで、データを整理する規則やルール、判断の基準などをデータベースに蓄積します。そして、処理が必要なデータに対して、蓄積したデータベースをもとに、人間が考えて行うのと同じような処理を実行します。

4.4.2　AIの導入が進むコールセンター

コールセンターは早くからAIの研究や一部での実装が進んでいる領域です。コールセンターでの仕事やコンピューターの操作を見てもらうと、AIとRPAとの使い分けが明確です。

たとえば、お客様から「私が契約している保険の来年度の支払金額を知りたい」という問い合わせがあったとします。人間のオペレーターであれば、電話を受けた瞬間に「私が契約している→既存顧客→お客様番号や契約番号がある→いずれかの番号を聞こう」と考えます。

続いて、聞き出した番号をCRMシステムや契約管理システムなどに入力して必要な情報を表示します。表示されたデータの中からお客様が求めている情報を回答します。そして、応対履歴に必要事項を入力して1件の問い合わせが完了となります。

一連の流れは、「不特定」からどのようにして「特定」するかのプロセスでもあり、機械学習などのAIの機能が発揮される場面です。

4.4.3　コールセンターでのRPAの出番

コールセンターでRPAの出番があるのかということですが、もちろんあります。先

ほどの番号を、CRMシステム、契約管理システムなどに入力して情報を表示する、それらをもとに応対履歴の一部を自動作成するなどです（図4.9）。

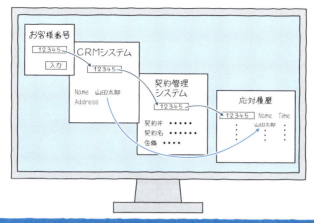

図4.9　コールセンターでのRPAの活用

オペレーターが各システムに何回も入力していた手間をRPAに置き換えると、お客様番号の入力後は自動でやってくれます。オペレーターの負荷のひとつになっている応対履歴の作成でも、特定のキーを押したらRPAが作成を行うようにプログラムしておけば、オペレーターが手入力するよりも速く作成ができるでしょう。

AIに対してRPAの機能が発揮されるのは、顧客を「特定」してからです。特定するプロセスの分岐や判断に関わる操作はAIで、特定後のバックヤードでの機械的・定型的な操作はRPAに置き換えるのです。

もちろんAIの領域を拡大することで、できるだけAIでやりきるという考え方もあります。

4.4.4 「特定」がRPAとなり得る操作の例

金融機関では個人への融資の際には、申込みで得た個人情報を金融機関が連携して運用している団体に照会することで、融資の可否を決める判断基準のひとつとしています。

住宅ローンの場合、個人信用情報の照会などで同じような手順を踏みます。具体的には、金融機関が個人顧客から得た氏名、生年月日、性別、住所、電話番号などの情

報を、他の企業や団体が提供するシステムに入力します。システムに入力するデータの項目は、申込書などのデータを構成する主要な項目です。

このとき、RPAを使うのであれば、申込書のデータを入力したシステムから、別のシステムに主要なデータ項目をコピーして照会すれば良いことになります（図4.10）。

図4.10　申込みデータのコピー

申込みデータから、名前、住所、生年月日などをコピーして、信用情報システムに貼り付けて入力ボタンをクリックするところを自動化しています。データをコピーするだけでなくボタンもクリックしてくれるのがポイントです。消費者向けのビジネスを提供している企業であれば、同様のシーンはたくさんありそうです。

このような特定後の機械的・定型的な入力であれば、AIではなくRPAのほうが適しています。

4.4.5　RPAへのAIの搭載

以前からいわれていることですが、RPAは進化していくにあたって三段階の歩みがあるといわれています。現在は、その歩みの中の第一段階とされています。

第一段階は人間が自動化する作業を定義する、第二段階ではRPAによる作業実績の学習から一部を自ら自動化する、第三段階ではAIの機能も搭載して業務の分析や改善も進め、より高度な自動化を自律的に行うという考え方です。

この考え方ですと、AIの搭載という観点では第二段階からになりますが、既に第二段階の一部に入りつつあるようです。

たとえば、画面（画像）認識のAIや音声認識のAIなどと連携する、あるいはそれらをRPAに組み込んでいくという動きです（図4.11）。

図4.11　画面認識・音声認識との連携の例

　画面の認識には2つの考え方があります。

　ひとつは、RPAのロボットファイルを開発するときに画面をキャプチャして記録していきますが、その精度を上げるためにAIを使うというものです。

　もうひとつは、画面がこのように変わったら（このような画面になったら）RPAを始動するなどのように、AIをセンサーのように活用してイベントドリブンなRPAシステムとするものです。

　音声認識のAIは、後者のようにセンサーとしての活用から始まっていくでしょう。

　各種のセンサーだけでは「不特定」のままで、具体的に「特定」ができなかったことを、AIと組み合わせることで「特定」が可能になります。「特定」ができてしまえば、そこからはRPAで仕事ができるようになるのです（図4.12）。

　「不特定」から「特定」、さらにRPAに至る方程式は、今後さまざまなシーンで適用できそうです。

図4.12　不特定から特定へ

4.4.6 身近な例で考える

不特定から特定のメカニズムを少し身近な例で考えてみます。

カメラ付きのパソコンがリビングルームに置いてあります。「お父さん」がパソコンの正面に座ったら、お父さんのスケジューラが表示されて、スケジューラにお店の名前が入力されていたら、ぐるなびなどでそのお店の案内ページが立ち上がるなどです。

カメラ経由での画像認識、お店のテキスト認識などでAIの仕事もあり得ます（図4.13）。

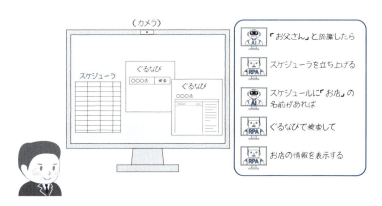

図4.13　人物の特定ができたら専用の処理を起動して実行する

お父さんを認識してスケジューラを表示する処理に加えて、テキストをお店と認識できれば、ぐるなびでの検索の処理もできます。お店へのアクセスの確認がメインの目的ですが、お得なクーポンが不定期で表示されるお店もあるので、意外にも実用的かもしれません。

RPAはスケジューラとWebサイトでの検索の複数アプリケーションをつないでいるのがポイントです。センサーやAIと連携して、さらに複数のアプリケーションを操作するRPAは、今後さまざまなシーンで利用が拡大していくのではないでしょうか。

4.5 OCRとRPA

4.5.1 OCRとは？

OCR（Optical Character Recognition／Reader）は、手書きや印字された文字を光学的に読み取るスキャナーなどのハードウェアと、文字を認識してデータに変換するソフトウェアを合わせたシステムの総称です。実際によくあるのは、申込書などに記載された、氏名、郵便番号、住所、電話番号、チェックを付けた箇所などの項目がスキャナーを通して読み込まれて、データとして取り込まれるシステムです（図4.14）。

システムとしては申込書をPDFなどの形式にファイル化するとともに、各項目はOCRのソフトウェアでデータ化して、連携するシステムにCSVその他の形式でエクスポートします。

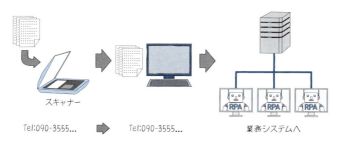

図4.14　OCRシステムの仕組み

スキャナーに申込書などを読み込ませると、自動的にシステムにデータが入力されます。人間が目で見ながらパソコンに手入力することと比較すると、入力の効率は高くなりミスもありません。ただし、事前に読み込む紙のどの位置にどの項目（データ）が来るということを定義する必要はあります。

4.5.2 限定的な自動化

OCRは、特定の場所に記載された手書きや印字された文字を認識してデータに変換します。マス目が切られたところに記入された数字などであれば100％近い読み取り率を実現します。

一方で、長方形の枠の中に名前や住所をフリーで記入した漢字などの文字の認識率

は、数十パーセントにとどまるといわれています。枠の中の数字であっても、「5」や「7」のように複数の画数になるものは、5が6と認識される、「7」が「1」などと認識されることがあります。枠外にはみ出た文字の認識はさらに難易度が高いことがわかります。

また、山口さんのように比較的簡単な文字であっても、読みにくい形で書かれると、山口さんとして認識はされません（図4.15）。

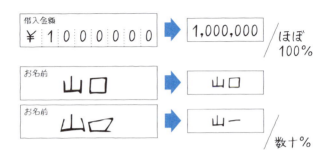

図4.15　ほぼ100％と数十パーセントの違い

4.5.3　OCRとRPAの違い

文字を認識してデータに変換するという機能はOCRの固有の機能です。RPAにはそのような機能はありません。

RPAは取得したデータを同じ値で活用する、あるいはデータとして別のデータに変更することはできますが、OCRのようにイメージデータをテキストデータに変換することはできません（図4.16）。

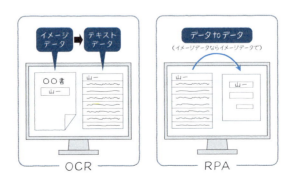

図4.16　OCRはデータを変換できるがRPAは変換できない

RPAはOCRによるデータ化を受けてから動き出すという役割の違いもあります。

OCRとRPAの連携は大きな流れになりつつあります。これについては、次節で詳しく解説します。

4.5.4　OCRとRPAの共通点

OCRとRPAには共通点もあります。OCRとRPAは対象とする相手を必要とするということです（図4.17）。

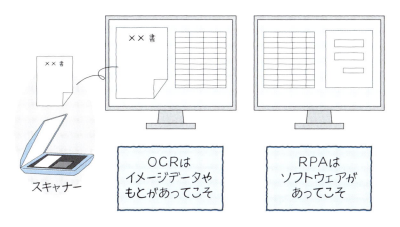

図4.17　RPAとOCRの共通点

RPAは対象となるソフトウェアが、OCRは対象となる紙などが必須です。

たとえばWordやExcelなどはソフトウェア自身として文書やワークシートを作成することができます。企業で活躍している業務システムは、データを入力していくことでさまざまな処理ができます。

これに対してOCRは、イメージデータやイメージが描かれた紙があってこそです。同様にRPAは1.1.1で定義したように、対象となる自分以外のソフトウェアが必要です。つまりRPAは相手あってこそのソフトウェアですが、OCRも読み込ませる対象となる書類や画像などがあってはじめて機能します。

4.4ではAIが特定してRPAがその特定に基づいた処理をする関係を例として紹介しました。OCRとRPAの関係ももう少し掘り下げてみる必要性がありそうです。

4.6 OCRとRPAの連携

4.6.1 OCRの性能

　4.5でも述べたように、OCRといえども各種の項目や文字の認識が完璧ということはありません。そのため、OCRの画面で読み込んだ文字が正しいかどうかを、画面上の表示で確認する必要があります。間違って読み込まれた文字があれば、人間が手入力で修正する必要があります。そのため、入力する文字数が少ないのであれば、スキャンする手間も省けるため、手入力のほうが早くできます。

　しかし、入力する文字が多くなると、これは間違いなくOCR＋手入力のほうが早いです。たとえば、30枚の申込書をOCRを使用して入力するとします。このとき、まずは30枚の申込書を順次スキャナーで読み込みます。OCRソフトの画面で、たとえば左側にもともとの帳票のイメージが、右側にはデータ化された項目が並びます。この画面を見ながら正しく読み込まれたかを確認し、間違っている場合には修正をしていきます（図4.18）。

　確認する手間はありますが、30枚もの申込書を1枚ずつ手入力していくのは大変です。したがって、入力する文字が多いときには、「手入力→目視検査」という2つのプロセスよりも、「スキャン→画面での確認→修正」の3つのプロセスのほうがはるかに早いのです。

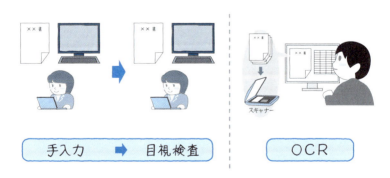

図4.18　手入力→目視検査とOCRの違い

OCRは1つの画面でイメージデータとテキストデータを見比べることができるので便利です。OCRを活用しない場合は、もともとの紙とパソコンで入力した画面とを見比べることになります。OCRを活用すると、パソコンの画面に紙のイメージとデータ化された項目が表示されます。

本書はアスリートの話をしているわけではありませんが、体の動きで考えてみてもOCRは画期的です。特に紙の枚数が大量となる場合にはその効果は絶大です。

打鍵して入力するよりスキャナーに読み込ませるほうが速いですし、首を左右に振りながら視点を合わせるよりも、同一画面で目をほんの少し左右に動かすことのほうがはるかに楽です（図4.19）。

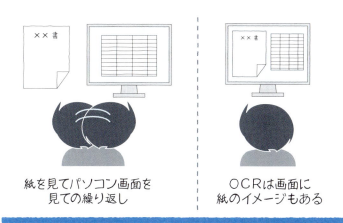

図4.19　OCRは体の動作に関しても効率的

4.6.2　OCRにおけるRPAの役割

RPAはデスクトップにデータが表示されてからがスタートとなりますから、OCRからバトンを受け取る存在です。連携のシーンとしては次の2つのケースが多いです。

①OCRでデータ化されてシステムに入力されたデータをRPAで確認する（図4.20）。

値が正しい範囲にあるかチェックするなどの例です。特定の日付か、一定の年齢以下か・以上かなどです。

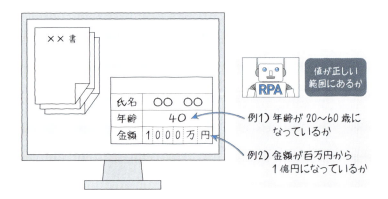

図4.20　データの値の確認

②OCRによってシステムに入力されたデータを別システムにコピーする（図4.21）。

OCRで特定のシステムに入力されたデータを別のシステムに自動的にコピーします。

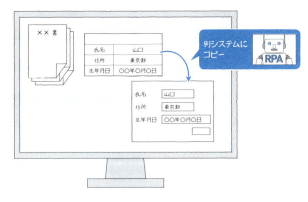

図4.21　別システムにコピー

今後、このような連携は一層増えていくでしょう。

4.6.3　OCRとRPAとAIの連携

ここまでOCRとRPAの連携を見てきました。

続いてOCRとRPAの連携にAIも加わるシーンを紹介しておきます（図4.22）。先進企業では研究と実装へのさまざまな取り組みが進められています。

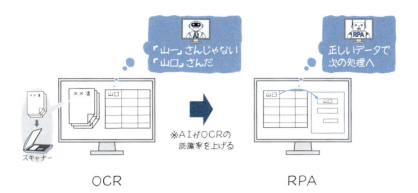

図4.22　OCRとRPAとAIの連携

　OCRで読み込んでRPAでデータ処理をしてAIでさらに判断をするという、「OCR→RPA→AI」の業務プロセスの流れは確立されつつあります。

　図4.22のように、OCRの認識率を向上させる、つまり「特定」する手順を挿入してRPAに渡す「OCR→AI→RPA」という流れもあります。

4.7 BPMSとRPA

4.7.1 BPMSとは？

BPM（Business Process Management）は、ビジネス・プロセスを分析して改善するステップを繰り返して業務改善に継続的に取り組んでいく概念です。システムとしてはBPMS（Business Process Management System）と呼ばれており、稟議などでのワークフローシステムなどが知られています。

BPMSは業務プロセスやワークフローのテンプレートを備えており、テンプレートへの登録や設定をして利用することで業務の分析から改善へのステップに乗せることができます。

BPMSの特徴としては、大きく次の2点があります。

①プロセスやデータフローの変更が容易

たとえば、あるプロセスを一段階削減したり、データフローを変更したりすることが、表示されたテンプレートの図形を削除したり移動させたりすることで簡単に実現できます。図4.23でいえば、BPMS上でプロセスCのアクティビティそのものを削除したり、プロセスDのアクティビティをマウスでドラッグしてGの位置に移動させたりすることができます。

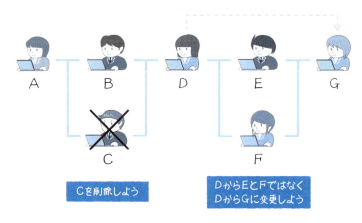

図4.23　プロセスの削減、データフローの変更

②自律的な分析によるソリューション

さらにBPMSではアクティビティごとの処理量や処理時間などを記録していて、変更したほうが良いアクティビティに関して分析結果を示してくれます（図4.24）。Bは70、Cは30といった具体的な数値で、Cの改善を示唆します。

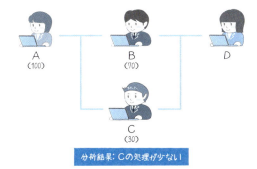

図4.24　自律的な分析

一般的な業務システムの場合、処理量を自動的に算出するには専用のプログラムを開発してアドオンする必要がありますが、BPMSではそのような機能が既に内蔵されています。

4.7.2 RPAとBPMSの関係

RPAとBPMSの関係ですが、もともとBPMSを開発・販売していたベンダーはBPMSを補完する形でRPAを提供しています。

BPMSを活用して業務プロセスの改善を進めていきますが、BPMSはプロセス全体を見る役割を担い、RPAは個別のアクティビティに存在する人間の操作を自動化するように役割を分けています。

企業や団体で稟議書類を、何人もの人を経て決裁責任者へ回していく業務などがありますが、BPMSはそのプロセス全体を見て、RPAは定期的に入力項目の確認をします。

上記の考え方が現在の主流であり、RPAとBPMSの関係は次のようになります（図4.25）。
①BPMSのワークフローにおける個々のアクティビティの改善としてRPAを活用する
②BPMSのワークフローの外側に存在する手入力などの操作を自動化するためにRPAを活用する

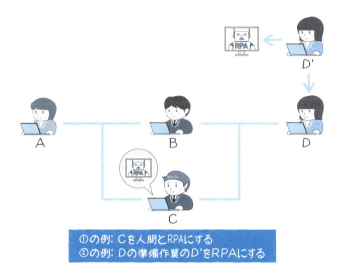

図4.25　BPMSとRPAの2つの連携の例

　BPMSとRPAを組み合わせることで、これまでにない自律的な改善が可能になります。

　BPMSは人の仕事の流れをマネジメントしますが、製品によってはそこにロボット（RPA）を加え、人とロボットの共存を業務全体のマネジメントの視点から実現することができます。

4.8 EUCとRPA

4.8.1 EUCとは？

EUCはEnd User Computingの略称です。EUCはシステムを利用する部門、組織、個人が自らそのシステムやソフトウェアの構築をする活動をいいます。

企業でよくあるのは、部門全体で使うシステムというより、業務システムのサブシステムとして小規模なアプリケーションをユーザーが開発して運用もしている例です。

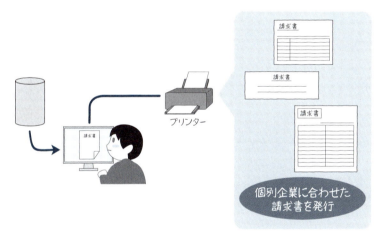

図4.26　EUCの一例：請求書発行システム

図4.26のようにたくさんの種類があり、レイアウトの変更がたびたびあるようなドキュメントの発行業務については、変更のたびに情報システム部門の担当者に依頼したり、ITベンダーを呼んだりするのは非効率であることから、EUCの運用に適しています。

RPAの導入の際にEUCが話題に上るのは、ロボットを使うエンドユーザー自身が開発するのが適切ではないかと考えられることによります。確かに、その仕事を担当または監督している本人たちがロボットを開発したほうが、設計において間違いがないという意見は多いでしょう。

4.8.2 筆者のEUC

EUCはシステムの規模を別とすれば、システムまたは業務アプリケーションの開発と運用をユーザーが行う活動です。そのため、RPAを導入して運用していくこととEUCという活動は同じ次元ではないと考えています。

筆者はたくさんのコンサルタントやエンジニアのマネジメントをしています。勤務状況をマネジメントするシステム、プロジェクトの稼働状況を見るシステムなどを利用しています。日常的には特にその他のシステムの必要性は感じていません。

しかしながら、人事的な業績評価に関しては、提供されているシステムが現場の個別事情をカバーできていないことから、独自の業績評価システム（Performance Evaluation System、筆者は「PES」と呼んでいます）を構築して評価の時期になると利用しています。

PESで評価を確定して部門システムに反映するようにしています。

PESはAccessで開発しており、プロジェクトの評価、プロジェクト評価では表現することのできない特別な個人の活躍、スキルならびにフィードバック管理などから構成されています。

このようにEUCとして作り上げたアプリケーションは、規模は別として人材の評価というひとつの業務プロセスを回しています。

4.8.3 RPAはツールにすぎない

ここで紹介した筆者のEUCアプリケーションと同じことをRPAでできるかといえば、それはできません。

1.1.1でRPAは自分以外のソフトウェアを対象として定義された処理を自動的に実行するツールであると定義しました。RPAはあくまでツールですから、エンドユーザーがロボットを作って運用するというのは、EUCで業務アプリケーションを開発するようなものではなく、人間の仕事の一部を代行するようなシンプルな活動です（図4.27）。

図4.27　EUCは完結、RPAは一部

　先ほど例に挙げた請求書発行システム、筆者のPESのいずれも、RPAにそのまま置き換えることはできません。

　別の観点で現実的な話をすれば、ExcelやAccessで開発したほうが効率的で安価な業務でもあります。しかしながら、エンドユーザー自身がロボットを作成する取り組みは今後増えていくと想定されます。

4.9 ‖ IoTロボット

4.9.1 IoTロボットとは？

　現在のロボットブームは第三次ロボットブームなどと呼ばれています。第三次ロボットブームのロボットたちは今の時代を反映してIoTロボットと呼ばれることもあります。近年浸透しつつあるAIスピーカーも機能によってはこれに含まれるでしょう。

　ここでIoTロボットといっているのは、工場で組み立てや溶接などで使われているような以前から存在する産業用のロボットではなく、ソフトバンクの「ペッパー」やソニーで再発売となった「aibo」など、近年話題となっているコミュニケーション機能を持つロボットです。

　ちなみに第一次ロボットブームは1980年代の工場などで使われている産業用のロボットを、第二次ロボットブームはホンダのASIMOやソニーのAIBO（現aibo）などが登場した2000年頃といわれています。

　筆者は、第二次ロボットブームの2000年代初頭にロボットビジネスに携わっていました。このときのロボットは、ロボットの視野に動く物体が入る（画像に変化が出る）と登録したアドレスにメールを送る、簡単なあいさつが交わせるなどの機能を備えていました。また、第二次ロボットブームのロボットの中にはさまざまなセンサーを備えるだけでなく、インターネットに接続することができる製品も多く存在していました。

　したがって、第三次ロボットブームのロボットの原型は第二次ロボットブームの時代に出来上がっていたともいえます。

4.9.2 IoTロボットの機能

　第三次ロボットを第二次と比較すると、次の機能は格段に向上しています。

・通信性能
・入力された情報に対しての制御から出力までのレスポンス
・音声認識、画像認識などの入力装置とソフトウェア

　もちろんデザインが洗練されてきたという印象もあります。

第三次ロボットブームのコミュニケーション機能を備えたロボットは、インターネットに接続してIoTのひとつの実現形態というだけでなく、ロボットとしての共通の特徴があります。一言でいうなら、入力・制御・出力のプロセスで動作が実行されることです。それぞれのプロセスについて、詳しく見ていきましょう。

◉入力

音声認識、画像認識などの各種センサーによる感知や認識などで、人間やその他のものの変化とイベントを感じ取ります。

入力は、画像の変化、音声の受信などのように、センサーなどでイベントを捉えると考えていただいて構いません（図4.28）。

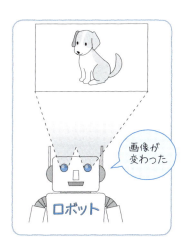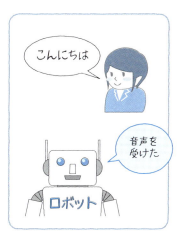

図4.28　入力例

◉制御と出力

入力に従ってどのような動作をするかがプログラムされています。簡単な例として、次のものがあります（図4.29）。

　＜マイクと音声認識の例＞
・ロボットの一部となっているマイクが音声を拾う（入力）
・「こんにちは」と音声を認識したら
・「こんにちは」とスピーカーから返す

＜カメラの例＞
・画像に変化が生じたら（入力）
・録画を開始する

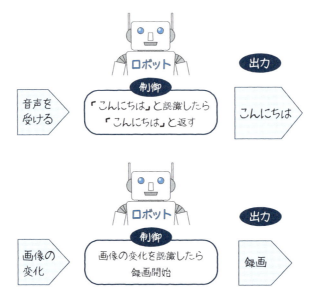

図4.29　制御と出力の例

IoTロボットは膨大なIn Caseやif文の集合体であることがわかります。

4.9.3　IoTロボットとRPAとの共通点

RPAもロボティック（Robotic）といわれるように自動で動くロボットとしての側面があります。

第5章でソフトウェアとしての詳細を解説していきますが、RPAをIoTロボットの入力と同じようにイベントドリブンで処理が実行されるように設計すれば、さまざまな処理や動作を実現することができます。4.4.6でお父さんがパソコンの前に座るとRPAが処理を実行する例を挙げましたが、この例もイベントドリブンのひとつです。

各種のセンサーや認識装置の数に比例してRPAの多様な利用シーンが生まれる可能性があります。そのときに物理的なIoTロボット、IoTロボットと同様な機能を持っているAIスピーカーなどは良いヒントを与えてくれるでしょう。IoTロボットやAIスピーカーを社内の業務プロセスの中で使うことはほとんどありません。

しかしながら、「もし業務プロセスの中でそれらを使うとしたら？」と考えるとさまざまなアイデアが生まれてきます。たとえば、「請求書発行、900500」とパソコンに呼びかけたら、マイク経由で音声が認識されて、900500の顧客IDで管理されている顧客企業宛ての当月分の請求書が発行されるなどです（図4.30）。

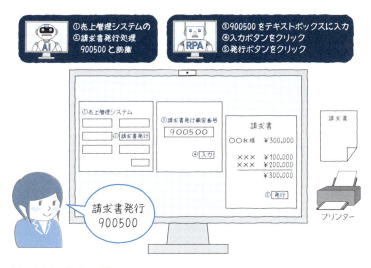

図4.30　音声入力をトリガーとする例

　パソコンが相手になるので、IoTロボットやAIスピーカーのような面白さやかわいらしさはありませんが、音声認識との組み合わせは便利です。

4.10 業務自動化の実現

4.10.1 各技術の組み合わせ

ここまで、Excelのマクロ、AI、BPM、OCR、EUC、IoTロボットなどのRPAに近い技術を紹介してきました。これらの多くは、ホワイトカラーの仕事の自動化を進めるためには不可欠な技術でもあります。

本書はRPAの仕組みに関する書籍ですのでRPA中心となりますが、企業や団体における事務の生産革新活動では、ここまで挙げた技術を組み合わせて使っています。もちろん新たにシステムを開発するという選択肢もあります。

4.10.2 適用領域の違い

2.6でも述べましたが、RPA単体だけでなく、その他の技術と組み合わせると導入の効果は絶大です。ある業務を自動化したいときに、真っ先にRPAをというよりは、さまざまな選択肢を頭に浮かべながら客観的に適切な技術を選定してください。

各節でも述べてきましたが、それぞれの技術によって適用領域が異なります。そのため、図4.31のようなイメージを描いて選定を進めるのが良いと思います。

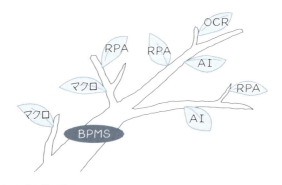

図4.31　適用領域の違い〜葉と幹の違い

OCRは入力の自動化ですので、導入できる場所は容易に判断することができます。

Excelのマクロ、AI、RPAはさまざまな部分に葉のように「点」として適用することができます。

BPMSは木の幹や枝にあたり「線」ですが、一度導入すると幹や枝の形を簡単に変えることができます。実物の植物では難しいことですがBPMSですと容易です。

4.10.3 自動化モデル

本章の終わりに、ホワイトカラーの業務自動化を実現するモデルを見ておきます。図4.32では、次のようにさまざまな技術が連携して活用されています。

- OCR　：データ入力
- マクロ：RPAやAIの処理の支援（データの整理や抽出ほか）
- RPA　：データの入力・照合
- AI　　：過去のデータから機械学習で判断、「特定」のための認識
- BPMS ：ワークフローの制御、効率的な人材の配置やRPAなどの活用

このようにすべての技術が活用されるようになると、ホワイトカラーの生産性は革新的に高まります。実際に、図4.32のような構成で実装が進められている業務もあります。

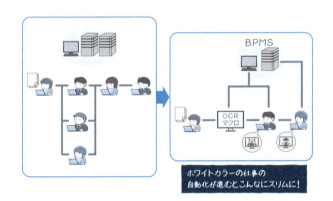

図4.32　自動化のモデル

ここまで自動化に向けてさまざまな技術があることを見てきました。システムの設計と開発、それらをより細かくブレークダウンするとプログラムになります。

RPAと周辺に存在する近い技術を活用することができれば、今までにないユニークなシステムを創り出すことができるでしょう。その鍵は多様な技術を客観的に評価・理解してアイデアに基づいて適用することです。

COLUMN
RPAがメジャーな存在になるためには？

　AIは子どもにも知られた言葉であるのに対し、RPAという言葉は、今のところは職業や世代を超えた一般的な存在にはなっていません。

　AIはWindowsパソコンだけでなく家電製品や携帯電話など、デバイスを選ばずに展開がされています。対して、先ほど紹介したOCRなども実用として利便性は高いのですが、ビジネスシーンでの活用に限定されています。ですから、一般の人にOCRの話をしても通じるかどうかわかりません。

　1980年代・1990年代に生まれて、インターネットが当たり前という環境で育った世代はミレニアル世代（Millennial Generation）と呼ばれています。RPAが市民権を得るためには、ミレニアル世代である彼ら彼女らからの支持が欠かせません。

　そのためにはiPhoneやAndroidのようなスマートフォンで動作するRPAの登場が望まれます。大学生や、さらに高校生がスマートフォンで使うようなRPAを提供することができれば、瞬く間にメジャーなソフトウェアになるでしょう。

　現在販売されているRPAソフトウェアはすべてWindowsに対応しています。サーバーではLinux対応版もあります。しかし、iPhoneやAndroid上で単独で動作するものは執筆中の現時点（2018年6月）では存在していません。

　RDA（Robotic Desktop Automation）という言葉はもちろん知っていますが、Robotic Smartphone Automation（RSA）、Robotic Gadget Automation（RGA）は聞いたこともありません。提供できれば、成功が約束されているソフトウェアのような気がします。

図4.33　スマートフォンで動作するRPAの例

第 5 章

ソフトウェアとしてのRPA

5.1 ソフトウェアとしてのRPAの位置付け

ソフトウェアといえば、OS(Operating System)、ミドルウェア、アプリケーションの3階層で語られます。

OSはアプリケーションならびにミドルウェアとハードウェアの間で各種のインターフェースの提供やハードウェアのリソース管理を行う役割を果たし、ミドルウェアはOSとアプリケーションの間でOSの機能の拡張やアプリケーションに共通する機能を提供します。

RPAはOSではありませんが、ミドルウェアなのかアプリケーションなのか、ここで改めて考えてみましょう。

5.1.1 3階層のソフトウェア

OS、ミドルウェア、アプリケーションの3階層を図5.1のように表現します。一番下にハードウェアを加え、ミドルウェアには近年ポピュラーなDBMS、Webサーバーを入れてみました。

図5.1 ソフトウェアの階層

5.1.2 ソフトウェアの階層上でのRPAの位置付け

図5.1の中にRPAを位置付けるとすればどこになるでしょうか。OSではないことはすぐにわかります。また、OSとアプリケーションの間に入るわけではないのでミドルウェアでもありません。

RPAはアプリケーションのひとつですが、業務システムやOAツールなどのアプリケーションを、データや各種の処理を通じて横断的につなぐ役割を果たしています（図5.2）。

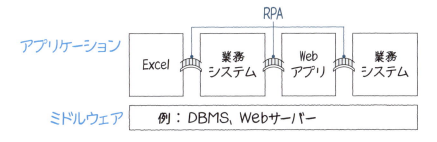

図5.2 RPAの位置付け

「つなぐ」という点に着目するとRPAは架け橋のような存在です。ミドルウェアは垂直方向での共通基盤ですが、RPAは水平方向に横断的にアプリケーションをつなぎます。

このように見ると、アプリケーションではあるもののユニークな存在であるともいえます。

5.1.3 RPAはプログラミング言語ではない

なお、念のためにもう一点確認しておきます。アプリケーションを構成する実行形式のプログラムファイルを開発する際には、Visual BasicやC#、Java、新しさは欠きますがC言語やCOBOLなど、プログラミング言語を使います。

RPAは各製品が独自の開発環境を有しています。そこでロボットファイルの開発をしますが、プログラミング言語ではありません。コードを書くのではなく、設定や選択で進めていきます。

5.2 RPAの機能

5.2.1 RPAには3つの機能がある

第1章でRPAの定義ならびにソフトウェアとしての物理構成を理解していただきました。ここで改めて機能を確認しておきます。

RPAの機能は大きく次の3つです。

- 定義　　：ロボットの処理を定義する
- 実行　　：定義された処理を実行する
- 運用管理：ロボットの稼働の状態、実行結果の取得、スケジュールやプロセスの管理

RPAの機能は、「定義・実行・運用管理」と覚えてしまいましょう。

5.2.2 機能と物理構成

機能と物理構成をあわせて考えると、図5.3のようになります。

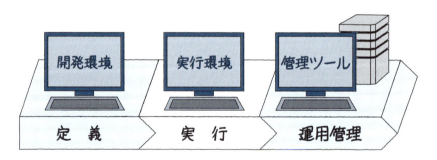

図5.3　機能と物理構成

図5.3では、開発環境で定義されたロボットファイルが、実行環境で自動的に実行されて管理ツールによって運用が管理されることを表現しています。

ここでやっと、1.1.1に示した定義、1.3の物理構成、さらに機能のすべてを結び付けて説明することができました。

5.3 RPAソフトの初期画面

5.3.1 RPAの初期画面イメージ

　RPAソフトをはじめて使うときに見る画面は処理を定義する画面です。オブジェクト指向のプログラミング言語の開発環境と同じような画面で、業務アプリケーションのようにメニューが並んでいるような画面やWordのようなシンプルな画面でもありません。

　初期画面は定義を行う画面ですが、RPAソフトウェア製品で表示される各種のウィンドウはほぼ同じで、次の通りです（図5.4）。

- ロボットのシナリオ全体
- ソリューションエクスプローラー（プロジェクトなどの関係を示す）
- プロパティ

　その他にはオブジェクトやデバッグ画面などが表示されます。基本的にはオブジェクト指向の画面になっています。

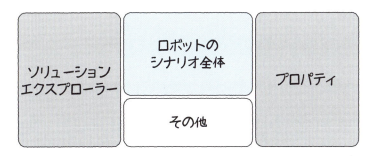

図5.4　RPAの初期画面のイメージ

　もちろん各ウィンドウの位置の変更は簡単にできます。デフォルトはシナリオ全体のウィンドウが中央で、ソリューションエクスプローラー、プロパティなどの表示は左右に配置されています。製品によっては変数やオブジェクトの情報が画面の下部などに配置されています。開発経験者であればVisual Studioの画面を想像してください。参考としてVisual Studioの初期画面を見ておきます（図5.5）。

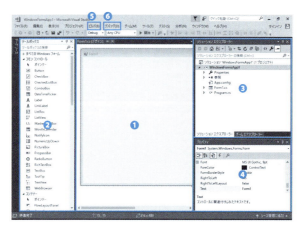

図5.5　Visual Studio 2017の初期画面

　Visual Studioは中央にデザインウィンドウ(①)があって、左側にツールボックス(②)、右側にソリューションエクスプローラー(③)とプロパティ(④)があります。それぞれの表示位置やサイズは開発者の好みに応じて変更できます。

　上部のメニューにビルド(⑤)やデバッグ(⑥)があります。ビルドで実行ファイルなどを生成しデバッグで検証します。RPAソフトにも同じ機能はあります。

5.3.2　初期画面からの差分

　何らかのオブジェクトに対して1つでも定義をすると、ロボットのシナリオ全体を表す画面に図5.6のようにブロック図形が表示されていきます。ブロック図形は、長方形、ホームベース形、角丸四角形など、製品によってさまざまです。

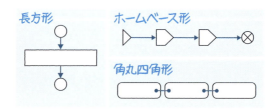

図5.6　シナリオのブロック図形の例

5.4 既存アプリとRPAの関係

5.4.1 複数のアプリケーションをつなぐ

　RPAは自分以外の既存のアプリケーションを対象として処理を実行します。たとえば、アプリケーションAの顧客データをアプリケーションBにコピーするとします。業務システムから別の業務システムに、オペレーターのマウス操作によるデータのコピーでつなぐことが実務で行われています。

　データをそのままコピーして入力するケースもあれば、オペレーターが氏名と電話番号をコピーして、業務システム上に既にその氏名が存在するか、顧客コードが存在するかなど、データの参照や照合をすることもあります。

5.4.2 つなぐ＝データの移動

　つなぐと一言で表現していますが、デスクトップ上での操作としては、データをコピーして貼り付けることをデータの項目数に応じて実行しています（図5.7）。

　このデータの移動がRPAの構造を見る上で重要です。簡単に整理するならば、次ページのようにいくつかのタイプに分かれます。

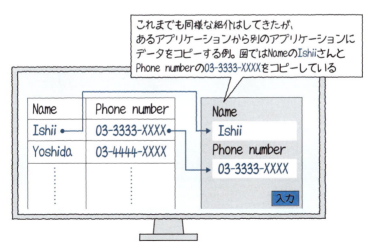

図5.7　データの移動の例

●データベースでつなぐタイプ

移動するデータをデータベースに格納します。より正確にいえば、コピー対象のデータをデータベースに格納し、貼り付けるときにはデータベースから引き出します（図5.8）。

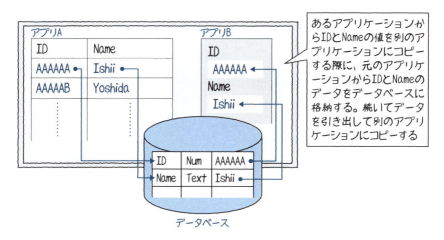

図5.8　データベースでつなぐ

先ほど述べた氏名や電話番号を例に取るならば、name、phone numberなどと命名して、それぞれのデータ型や主キー設定などを宣言します。

独自のデータベースを利用するタイプやMicrosoft SQL ServerやOracleなどと連携するタイプがあります。前者のタイプであれば、開発者はデータベースというよりも変数を宣言してつなぐように感じるかもしれません。後者はデータベースの定義そのものです。

データベースで各種データを定義するように、RPAで表5.1のように定義できます。

表5.1　変数の属性定義例

Name	Type	Database Key
ID	Number	✓
Name	Text	
Zip code	Number	
Address	Text	
Phone Number	Number	

◉定義体でつなぐタイプ

アプリケーション間のデータの移動に際して、受け皿としての専用の画面や定義ファイルなどの定義体を作成してデータを仮受けするタイプです（図5.9）。

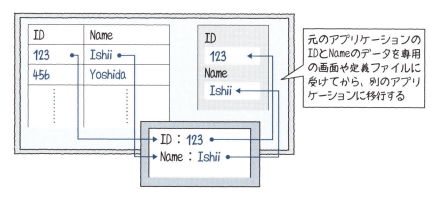

図5.9　定義体でつなぐ

◉コピー&ペーストでつなぐタイプ

オペレーターがコピーをするようなデータは大量ではないという考え方をベースとして、データベースや専用の定義体を作成するのではなく、マウスでコピーしてクリップボードを経由するレベルの使い方にとどめるというものです（図5.10）。デスクトップ向けのRDA製品にはこのようなタイプもあります。

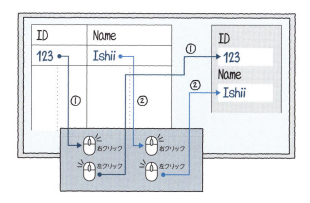

図5.10　コピー&ペーストでつなぐ

5.4.3 それぞれの活躍の場

　データベースでつなぐタイプは、大量のデータの入力・照合などに向いています。また、比較的大規模なデータを扱う業務にも適しています。

　定義体でつなぐタイプは、Windowsアプリケーションのプログラミング経験者からすればその延長線上に存在するような定義の方式です。ロボットを開発するというより、Windowsアプリを開発する感覚でロボットファイルの開発を進めることができます。

　デスクトップ単体での運用や小規模な業務であればコピー&ペーストでも対応可能でしょう。

5.5 実行のタイミング

どのようなシステムやソフトウェアであっても、実行のタイミングに関しては慎重に検討がなされます。RPAのロボットファイルに関しては大きく3つの実行のタイミングがあります。

5.5.1 人間による実行

人間が実行のタイミングを指示します。たとえば、デスクトップ上である仕事を終えたら、その後に必要となるロボットファイルの実行をオペレーターがキックします。ヒューマンドリブンと言い換えても良いかもしれません。

業務プロセスの流れの中で、次のようなプロセスは実際に存在します（図5.11）。

①Aさんがデータ入力作業を完了したら
②ロボットファイルがデータの照合作業をして
③Bさんが追加入力作業を行う

Aさんが自分の入力作業を終えたら、Aさん自身がロボットファイルの実行をキックして、ロボットファイルの実行が開始されるという手順です。そして、ロボットファイルの処理終了をBさんが確認します。

現業部門のユーザーが実行のタイミングを制御するケースともいえます。

図5.11　人間による実行

5.5.2 スケジューラによる実行

スケジューラであらかじめ定めておいた日時や定期の間隔で処理を実行します。主に次の3つがあります。

- **Windowsのタスクスケジューラで設定する**
- **ロボットファイルでスケジュールを定義する**
- **管理ツールでスケジュールを定義する**

●タスクスケジューラでの設定

Windowsのコントロールパネルの項目のひとつとして管理ツールがあります。さらにその中にタスクスケジューラがありますが、ここでロボットファイルの実行をタスクのひとつとして定義します（図5.12）。

図5.12　Windowsのタスクスケジューラの画面

●ロボットファイルでの定義

ロボットファイルでスケジュールを定義します。管理ツールを持たないRDAのカテゴリに入るソフトで利用される方法です。

単体のデスクトップの中での定期実行であれば、他のリソースとの兼ね合いもあることから、タスクスケジューラでの設定をお勧めします。

◉管理ツールでの定義

管理ツールを備えたRPAソフトでは管理ツールでの設定が基本です。第10章で管理ツールのサンプル画像を見ていただきますが、直感的で使いやすい画面になっています。

画面のレイアウトは製品によって異なりますが、ロボットファイルをスケジューリングする設定の手順や方法などはおおむね同じです。

人間による実行ではユーザーが実行を制御するといいましたが、スケジューラを設定するのはシステムの管理者や開発者ですから、システムの管理者または開発者が実行を制御するといえるでしょう。

5.5.3 イベントドリブンによる実行

イベントに起因してロボットファイルを実行させます。たとえば、あるウィンドウがオープンまたはクローズしたらロボットファイルが動作を開始する、あるデータファイルが更新されたら実行するなど、さまざまなケースがあります。

イベントドリブンは人間による実行やスケジューラと比べると、誰が実行を制御しているかを言い切るのは難しいですが、現場でのプロセスの進捗や人間の仕事の状況に負うところが大きいといえるでしょう。

‖‖ COLUMN

データドリブンとRPA

近年、ビッグデータ分析などへのニーズが高まっています。データドリブンとRPAにどんな関係があるのか、という疑問を持つ人もいるのではないでしょうか。

既存のRPAはデータを収集して分析するという機能は持っていないことから、データドリブンでRPAの実行がなされることはありません。もちろんRPAの操作ログと関連する人間の操作ログなどを解析して、人間の判断を伴う操作もRPAが支援できるようにする研究は行われています。

また、一部のRPA製品においてはAIとの連携などもあることから、AI側でデータの分析をして、その結果をトリガーとしてロボットファイルの実行が開始されることはあり得ます。

いずれにしても、現時点ではデータドリブンらしい意味での実行はありません。

5.6 データ処理

先ほど、2つのアプリケーションの例でRPAがどのようにデータを保持しているか を見てきました。ここではデータ処理の観点から掘り下げておきます。

データ処理としては、自分以外のアプリケーションから取得する外部のデータと RPA自身で保持する内部のデータがあります。

5.6.1 外部データ

対象となるアプリケーションのファイルを読み込む、アプリケーション間のデータ を引き渡すためのカット＆ペーストで一時的にデータを保持する、などのロボットの 動作の対象から取得するデータです。

独自のデータベースを備えている製品や、Microsoft SQL ServerやOracleなどのデ ータベースソフトと連携することで大量のデータ処理や入出力の効率化を図っている 製品もあります。

データベースと連携する場合には管理ツール経由で連携します。当初から構造化し たデータの定義をしていることから、このような処理は得意としています。

5.6.2 内部データ

代表的な内部データはロボットファイルの動作のログデータです。実行の対象と実 行した処理、タイムスタンプ、Yes／Noなどのさまざまな情報が得られます。

実行後のエラーの解析にはログデータを使うことから重要なデータです。ログデー タは、物理的にはロボットファイルと同じ端末にストアされる製品と、サーバーにあ る管理ツール側にストアされる製品があります（図5.13）。

管理ツール側でストアする製品は日数や件数などの前提条件を設定してログをマネ ジメントできます。専用のViewerから見ることもできます。ひたすらログを収集し 続けたらディスクがいくらあっても足らないので、前提条件を設定できるのは便利で す。

内部データにはログデータの他にスケジュールやユーザー管理のテーブルなどがあ りますが、これらは管理ツールで保管されます。RDAであれば端末側にログデータは 保持され、RPAでは管理ツール側に保持されます。

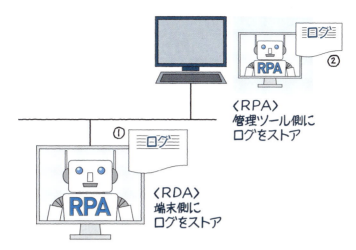

図5.13　ログの持ち方は物理的に2パターン

5.7 Windowsの画面のオブジェクトの認識技術

Windowsの画面を構成するオブジェクトの認識技術・方式については、大きく3つの方式があります。

5.7.1 プロパティ方式

対象となるWindowsの画面を構成するオブジェクトや、WebアプリケーションのHTMLやページのレイアウトやデザインを記述したスタイルシート（Cascading Style Sheets）を分析・認識する方式です（図5.14）。

実際の開発では、RPAの開発環境で既に定義・登録されている「Webアプリケーション」などのオブジェクトのパターンを選択して認識させます。

定義の際にオブジェクトを読み込ませると自動的に認識されます。

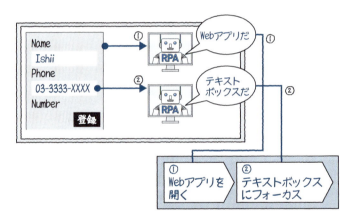

図5.14　プロパティ方式の構造

5.7.2 画像方式

文字列や画像を操作画面と比較してマッチングすることで、オブジェクトを認識する方式です。アプリケーションの構造に依存しないことから可用性は広いのですが、総じて低速です。図5.15のように画像としてマッチしているかを見ています。

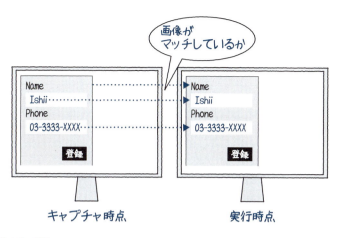

図5.15　画像方式の構造

5.7.3 座標方式

画面の座標位置で認識を行う方式です。さまざまなアプリケーションへの対応が可能ですが、画面のデザインやレイアウトの変更があると、同じように変更が必須となります（図5.16）。

対象となるオブジェクトの位置をx, yの座標で捉えて記憶します。

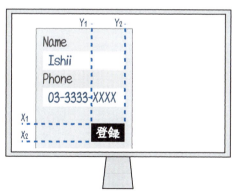

図5.16　画像方式の構造

5.8 実行形式ファイルの作成

5.8.1 一般的なアプリケーション開発での実行形式ファイルの作成

　一般的なアプリケーション開発では、プログラミング言語を使って作成したソースファイルをコンパイルします。

　コンパイルの結果、機械語に翻訳されたオブジェクトファイルが生成されるので、ライブラリなどと組み合わせるリンクにより実行ファイルを作成します。簡単にいえば、ソースコードを作成して保存後、コンパイル、リンクを実行して、実行形式のファイルを作成しています。

　Windowsを前提とすれば、別のファイルの機能も利用可能なDLL（Dynamic Link Library）をロードして呼び出すこともできるというのが現在のプログラミングの基本となっています（図5.17）。

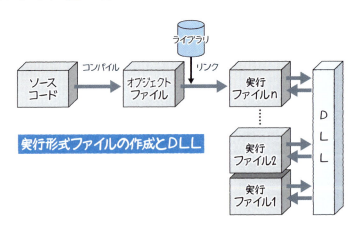

図5.17　実行形式ファイルの作成とDLL

5.8.2 RPAの実行形式ファイルの作成

　本書では、RPAの実行形式のファイルをロボットファイルと呼んでいますが、ロボットファイルの作成ではコンパイルはありません。オブジェクトファイルの作成から

開始し、実行環境の中に存在しているライブラリにリンクするのでコンパイルは不要です。言い換えれば、クローズされたRPAソフトの環境の中で処理が実行されることになります（図5.18）。

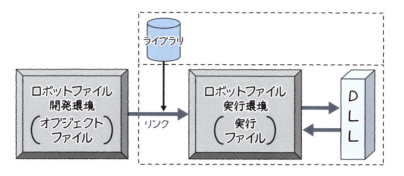

図5.18　RPAの実行形式ファイルの作成

シンプルな構造なのでプログラミング言語やシステム開発の経験がなくても作成できます。図5.19を見れば、全体像をイメージできると思います。

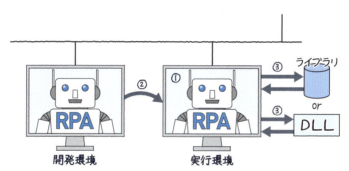

①実行環境として指示をもらえばいつでも動き出すことのできるロボットがいる
②ロボットに処理の定義体が充てんされると、ロボットは自ら動き出して処理を実行する
③必要なライブラリやDLLがあれば適宜呼び出して利用する

図5.19　物理構成から見る

5.9 RPAソフトウェア・シーケンス

5.9.1 動作シーケンス

　RPAソフトウェアのシーケンスは、管理ツールからの指示による場合と、RDAなどのようにデスクトップで自ら始動する場合の2つのケースになります（図5.20）。
　シーケンスを構成するそれぞれのステップについて見てみましょう。

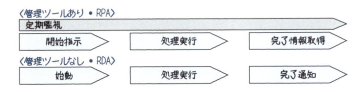

図5.20　動作シーケンス図

◉ロボットセッティング

　図5.20にはありませんが、ロボットセッティングは処理の前に必須です。RDAのように端末にインストールする形式や管理ツールから配布する形式もあります。

◉開始指示・始動

　サーバー側の管理ツールからの開始指示に従ってデスクトップでの処理が実行されます。もしくはデスクトップで自ら始動します。イベントドリブンでの始動も含まれます。

◉処理実行

　ロボットファイルに定義されている処理を実行します。

◉完了情報取得・完了通知

　管理ツールが完了情報を取得もしくはデスクトップ側から完了通知を上げます。

◉定期監視

　定期的に管理ツールからデスクトップの稼働状況や処理の完了を監視します。

第 6 章

ロボット開発

6.1 ロボットファイルの開発

6.1.1 基本はプログラム開発と一緒

　ロボットファイルの開発は基本的にはプログラム開発をするのと大きな違いはありません。RPAの動作の対象となるソフトウェアに対して、どのような処理を実行するかを定義します。

　ただし、5.8でも解説したように、プログラミング言語のようにゼロの状態からコードを書いたり定義したりする必要はありません。対象となるオブジェクトへの設定の選択や操作を記録することで定義できます。簡単に言い表すのであれば設定の連続でしょうか。

6.1.2 稼働までにすること

　基本的には図6.1のようにプログラム開発と同様なステップとなりますが、RPAの場合には管理ツールでの設定が最後にあります。

図6.1　ロボットファイルの稼働までにすること

◉開発環境の構築

　各製品固有の開発環境です。通常は処理を実行する端末とは別に開発環境用の端末を用意します。

◉ロボットファイルの設計・開発

　開発環境でロボットファイルの開発を進めます。ロボットファイルには大きく3つのタイプがあります（詳しくは6.2で解説します）。デバッグ機能で動作の確認もできます。

◉ロボットファイルと実行環境のインストール

ロボットファイルを実行させるデスクトップやサーバーに、ロボットファイルと専用のランタイムである実行環境をインストールします。

◉管理ツールでの設定

RPAでは管理ツールからの指示によりロボットファイルを実行することから、管理ツールで動作のタイミングやスケジュールなどを設定します。開発環境の構築から実行形式のファイルと実行環境をインストールするまでは通常のプログラム開発と大きな違いはありません。管理ツールで設定することを意識して進める点が異なります。

COLUMN
プログラミングスキルは必要か？

●プログラミングスキルは必ずしも必要ではない

シナリオの作成にあたり、プログラミングスキルやシステム開発の経験は必要なのでしょうか。答えは「否」です。もちろん経験がある人のほうが学習はスムーズに進みます。理解するのも早いでしょう。しかし、RPA製品の基本はオブジェクトタイプですから、プログラミング言語に関する知識を必須とはしていません。ただし、留意するポイントがいくつかあります。

●構造化の発想は必要

RPAはルールベースのツールといわれることがあります。業務の操作で行われているルールに従って、ロボットシナリオを定義して処理を実行させるからです。

次のようなプロセスで業務の操作のルールを定義しています。

- **・ルールを見いだす**
- **・ルールの詳細を確認する**
- **・確認したルールをロボットファイルに定義する**

実際にはRPAソフトを通じてコンピューターが処理できるように定義しているので、定義自体もコンピューターが行うやり方にしなければなりません。

重要なことは、ルールを順次、条件分岐、繰り返しなどの考え方で表現することです。できている人は無意識のうちにやっている行為です。

6.2 タイプ別ロボット開発

ロボットファイルの開発はRPAシステム開発の中核のひとつです。

ロボットの動作を定義することをロボットのシナリオを作成するともいいます。そのため、ここからはシナリオを作成すると言い換えて解説を進めます。

シナリオの作成方式には3つのタイプがあります。

6.2.1 画面キャプチャタイプ

デスクトップで人間が操作している画面を認識して記録します。動画の撮影やパラパラ漫画を作るように操作順に記憶させる方式です。4.2で説明したExcelの「マクロの記録」を思い浮かべていただければ良いでしょう。

録画ボタンをクリックした後で記録させたい処理を実行していきます。

画面キャプチャタイプは便利な機能のため、今後実装される製品が増えると想定されます。

6.2.2 オブジェクトタイプ

製品で提供されているテンプレートを活用してシナリオを作成する方式です。Windowsオブジェクトを選択して定義を進めていきます。

オブジェクトタイプも画面の操作を確認しながら行いますが、Windowsオブジェクトごとに画面を止めて、テンプレートを選択して定義していきます。動画やパラパラ漫画というよりは、紙芝居の絵の1枚1枚の裏面にシナリオを描いていくイメージです。

6.2.3 プログラミングタイプ

大きな意味ではオブジェクトタイプです。テンプレートはありますが、プログラミング言語を活用して定義しているような方式です。

マイクロソフトの.NET Frameworkで使われるVisual Basic、C#、Javaなどを活用する製品があります。使われているフレームワークや言語は現在の開発シーンでポピュラーなものです。

6.2.4 各製品は複数のタイプを備えている

3つのタイプの分け方は、シナリオ作成をわかりやすく伝えるためにあえてこのようにしています。製品の大半はオブジェクトタイプをベースとして、画面キャプチャの要素を持っている、あるいはプログラミング言語を活用するなどのように整理できます。

5.7で解説したオブジェクトを認識する技術にも関わりますが、シナリオ作成の観点で製品を整理すると図6.2のようになります。たとえば、製品Aはオブジェクトとプログラミングタイプを備えている、製品Dは画面キャプチャとオブジェクトの方式を備えているという意味になります。

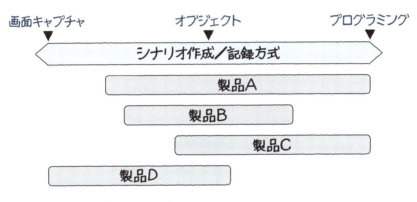

図6.2　シナリオ作成のタイプと製品のイメージ

6.3 画面キャプチャタイプの例：WinActor

　画面キャプチャタイプとオブジェクトタイプの一例として、NTTデータより提供されている「WinActor」を紹介します。日本市場で最も導入企業数や団体数が多い製品として知られています。
　WinActorは独自の開発環境ですが、日本語の画面での提供でもあることから、比較的わかりやすいRPA製品です。

6.3.1 WinActorのロボット開発の手順

　実際によくあるケースであるアプリケーションAとアプリケーションBの間の処理を定義する場合は、図6.3のような手順になります。
　メインとなる操作で①大枠のグループ（操作フロー）を定義します。②その後で変数などを活用して詳細を定義します。

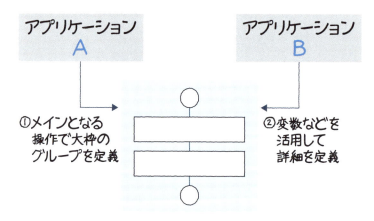

図6.3　WinActorのロボット開発の手順

6.3.2 WinActorで作成するロボットのシナリオ

　csvファイルに注文したい商品の一覧があります。Webのアプリケーションの「チュートリアル.html」に、「商品登録.csv」からカテゴリと商品名をコピーして登録していきます。

Webアプリケーションのメッセージの下にあるテキストボックスに登録内容が表示されるようになっています。左側がExcelで開いた商品登録.csvで、右側がチュートリアル.htmlです（図6.4）。

　商品登録.csvのすべてのレコードをWebアプリケーションに登録して表示するところまでをロボット化の範囲とします。

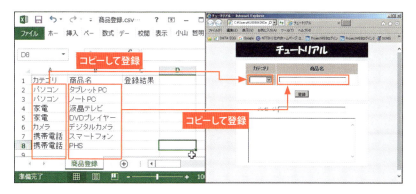

図6.4　商品登録.csvとチュートリアル.html

6.3.3　Webアプリケーションの読み込みと操作の設定

　図6.5は、WinActorの初期画面です。初期画面は、メイン画面（①）、フローチャート画面（②）、監視ルール一覧画面（③）、イメージ画面（④）、変数一覧画面（⑤）、データ一覧画面（⑥）、ログ出力画面（⑦）の7つの画面から構成されています。途中まで、③〜⑦の画面は使いません。

　作業効率を高めるために、それぞれの右上にある×をクリックして閉じて進めていきます。後ほど必要なときに再度表示します。

　先にWebアプリケーションの読み込みから始めます。

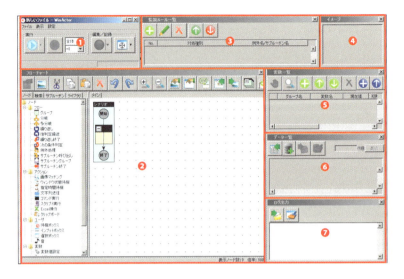

図6.5 WinActorの初期画面

●対象のアプリケーションの起動

Webアプリケーションの「チュートリアル.html」を起動します（図6.6）。

図6.6 Webアプリケーションのチュートリアル.html

●対象のアプリケーションの画面を指定

　WinActorの左上部のメイン画面の右端にある［ターゲット選択］をクリックします（図6.7）。丸に十字が刻まれたボタンです。
　図6.8は［ターゲット選択］をクリックした後の状態です。選択ボタンの色が変わるとともにドラッグできるようになりました。
　図6.8にある◉(マウスアイコン)を、記録対象のWebアプリケーションのウィンド

ウタイトル部分に持っていき、クリックして記録対象のウィンドウとして認識させます。

図6.7 ［ターゲット選択］をクリックする

図6.8 ［ターゲット選択］をクリックした後

認識されるとメイン画面の下に「IE：チュートリアル - Internet Explorer」が表示されました（図6.9）。

図6.9 「IE：チュートリアル - Internet Explorer」が表示された

●操作の自動記録

続いてメイン画面の右側から2つ目に配置されている赤色の［編集/記録］をクリックします（図6.10）。

自動記録が開始されているときには、［編集/記録］ボタンは赤い円から青の正方形を囲んだ円のマークに変わり「記録を開始しました。」のメッセージが表示されます。

図6.10 ［編集／記録］をクリックする

　ここからは、記録したい操作を行います。「カテゴリ」欄からプルダウンでレコードの1行目の「パソコン」を選択します（図6.11）。

図6.11 「カテゴリ」欄から「パソコン」を選択する

　選択をするとフローチャート画面に、自動的に「リスト選択」のアクションが追加されます（図6.12）。

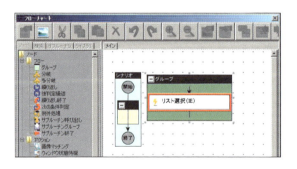

図6.12 「リスト選択」のアクションが追加された

「商品名」欄に「タブレットPC」と手入力します（図6.13）。なお、後の工程で「変数」に置き換えて、元データのcsvファイルから自動的に読み込ませるようにしますが、ここではまず1件目のレコードのタブレットPCを手入力します。

図6.13 「商品名」欄に「タブレットPC」と手入力する

フローチャート画面のグループの中に「文字列設定」のアクションが追加されました（図6.14）。

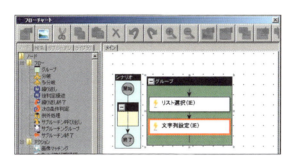

図6.14 「文字列設定」のアクションが追加された

［登録］をクリックします（図6.15）。

図6.15 ［登録］をクリックする

グループに「クリック」のアクションが追加されます（図6.16）。

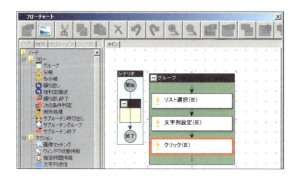

図6.16 「クリック」のアクションが追加された

　記録したい処理が完了したので、メイン画面の［編集/記録］をクリックします。すると元の赤い円に戻るとともに、「記録を停止しました。」と表示されます（図6.17）。

図6.17 元の赤い円に戻った

　自動記録後のフローチャート画面の状態を確認すると、図6.18の通りです。

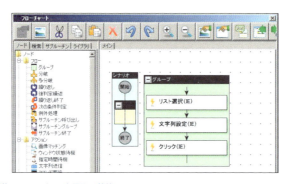

図6.18 自動記録後のフローチャート画面の状態

6.3.4　変数の設定

Webアプリケーションへの登録操作の記録ができました。続いて変数の設定を行います。

先ほど閉じた変数一覧画面を表示します。表示の方法は、メイン画面の［表示］をクリックし、サブメニューから「変数一覧」を選択します（図6.19）。

図6.19　変数一覧画面の表示の方法

変数一覧画面が表示されたら、［変数名インポート］をクリックします（図6.20）。

図6.20　［変数名インポート］をクリックする

ファイル選択画面で対象となる「商品登録.csv」を選択します（図6.21）。

図6.21　対象となる「商品登録.csv」を選択する

すると、csvのフィールドの1行目のタイトルが変数名として読み込まれて、レコードが表示されます（図6.22）。[OK]をクリックして変数名を設定します。

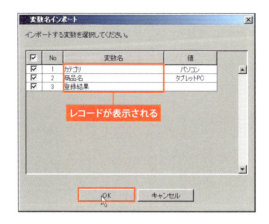

図6.22　1行目のレコードが表示された

　成功すると「変数名のインポートに成功しました。」と表示されます（図6.23）。

図6.23　変数名のインポートに成功した

　変数一覧画面で設定した変数名の「カテゴリ」、「商品名」とそれぞれの初期値が確認できます（図6.24）。

図6.24　初期値か確認てきる

6.3.5 シナリオの編集

先ほどWebアプリケーションへの登録操作を記録しました。csvファイルと先ほど設定した変数に関してのひも付けはしていません。

手入力で実施した部分を自動的に読み込ませるためにアクションを編集します。フローチャート画面の［リスト選択］をダブルクリックしてプロパティ画面を開きます（図6.25）。

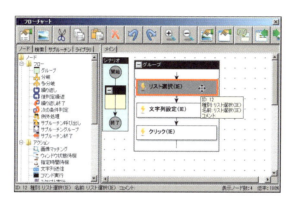

図6.25　［リスト選択］をダブルクリックする

プロパティ画面が開かれた状態は図6.26のようになります。「選択内容」のプルダウンから、先ほど変数として設定した「カテゴリ」を選択し、［OK］をクリックしてプロパティ設定を終了します。

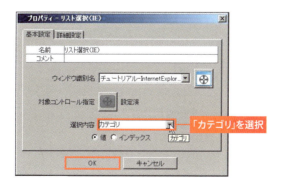

図6.26　［リスト選択］のプロパティ画面が開かれた状態

フローチャートの［文字列設定］をダブルクリックして同様にプロパティ画面を開きます（図6.27）。

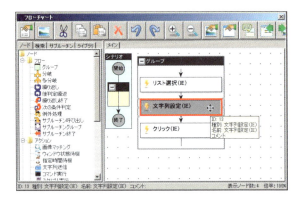

図6.27　［文字列設定］をダブルクリックする

　プロパティ画面が開かれた状態は図6.28のようになります。「設定値」に先ほど変数として設定した「商品名」をプルダウンで選択します。［OK］をクリックしてプロパティ設定を終了します。
　対象となるプロパティが、リストボックスとテキストボックスで異なることから、プロパティ画面のタイトルも異なります。

図6.28　［文字列設定］のプロパティ画面が開かれた状態

6.3.6　シナリオの編集からロボットの動作に移行する

一連のアクションの塊である「グループ」を「シナリオ」フローの中にドラッグ＆ドロップすることにより、編集状態からロボットが動作できる状態に移行します。

図6.29が「シナリオ」の中に「グループ」が入った状態です。これで基本的なシナリオの作成は完了しました。

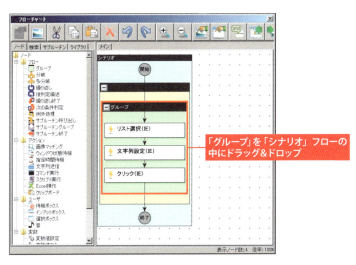

図6.29　「グループ」を「シナリオ」フローの中にドラッグ＆ドロップした画面

●実際に読み込ませたいcsvデータを指定

閉じていたデータ一覧画面を変数画面と同様に開いて戻します。データ一覧が表示されたら、[データインポート]をクリックします（図6.30）。

図6.30　[データインポート]をクリックする

ファイル選択画面で「商品登録.csv」を選択します（図6.31）。

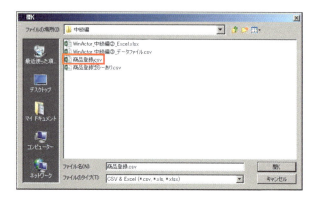

図6.31　「商品登録.csv」を選択する

データ一覧画面に「商品登録.csv」データが取り込まれました（図6.32）。

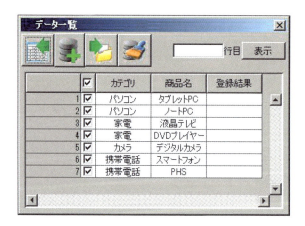

図6.32　データ一覧画面に「商品登録.csv」データが取り込まれた

●自動操作シナリオを実行

メイン画面の［実行］をクリックし、シナリオを実行させます（図6.33）。

図6.33　シナリオを実行させる

ロボットの動作が完了し、Webアプリケーションに商品登録.csvのデータがすべて取り込まれました（図6.34）。

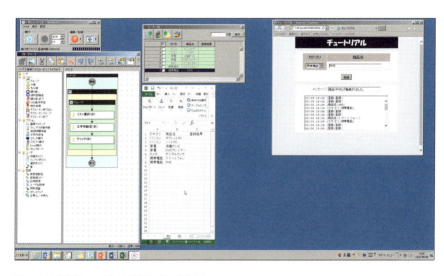

図6.34　商品登録.csvのデータがすべて取り込まれた

6.4 オブジェクトタイプの例：Kofax Kapow

オブジェクトタイプの一例としてKofax Japanから提供されている「Kofax Kapow」を紹介します。

Kofax KapowのDesign Studioも独自の開発環境です。ところどころでロボットの画像が登場するのでRoboticを感じさせてくれます。

6.4.1 Kofax Kapowのロボット開発の手順

実際によくあるケースであるアプリケーションAとアプリケーションBの間の処理を定義する場合は、図6.35のようにRobotとTypeでつなぎます。

Projectの中にTypeと呼ばれる変数を定義して、それらの変数がどのように流れていくか、あるいはアプリケーション間を動いていくかをRobotとして定義していきます。データをベースにして自動化のシナリオを作成していくところが特徴です。

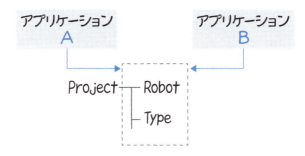

図6.35　Kofax Kapowのロボット開発手順の例

6.4.2 Kofax Kapowで作成するロボットのシナリオ

Excelのワークシートに申込者（Applicant）のリストがあります。そのリストに掲載されている申込者の情報をWebの顧客管理システム（Customer Information）にコピーして、既存顧客かどうかを確認するシーンの一コマです。

申込者のNameとPhone（電話番号）を顧客管理システムに入力し、既存顧客であればデータが表示され、既存顧客でなければデータは表示されないというシーンです（図6.36）。

図6.36 顧客管理システムに入力する

ロボット化する主な処理は、次の通りです。

- Excelのワークシートからデータを読み込む
- 読み込んだデータをWebシステムにペーストする
- Webシステムで[Run]をクリックする

NameとPhoneがCustomer Informationに存在すれば顧客情報が表示されますが、ここでは[Run]のクリックまでとします。

6.4.3　初期画面、新規プロジェクトの作成

図6.37が新規プロジェクトを作成する画面です。初期画面では左側に、My Projects（①）、Shared Projects（②）、Databases（③）が表示されます。

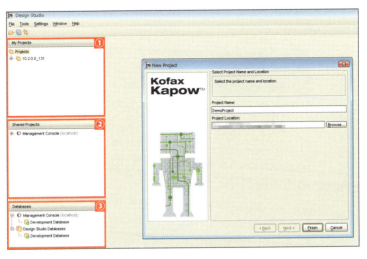

図6.37　新規プロジェクトの作成画面

File-New-Projectを選択すると、Projectの名前と格納場所を定義する画面が表示されるので、Project Name（DemoProject）とProject Locationを入力します。

続いて変数を定義するType、ロボットを定義するRobot、必要であればDatabaseなどのフォルダを作成します。

既にProjectsの配下にIPアドレスのように見える数値を並べたフォルダがあります。この数値は、Kofax Kapowのバージョンレベルを表していて関連情報が格納されています。

ここではProjectsの配下にTypeとRobotを作成していきますが、名前は次の通りとします。

- **Project：DemoProject**
- **Robot：DemoRobot**
- **Type ：Applicant**

データ項目・量ともに少ないのでDatabaseの作成はしませんが、多い場合にはDatabaseを作成します。

はじめにTypeを作成します。

●Typeの作成

先ほど作成した［DemoProject］を右クリックして「New」を選択すると、「Robot」や「Type」などが表示されます（図6.38）。「Type」を選んで「Applicant.type」という名前を付けます。

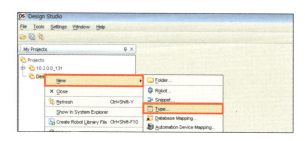

図6.38 「Robot」や「Type」などが表示される

続いてApplicantを構成する各データを定義していきます。Name、Attribute Typeなどを定義しますが、開発者はそれぞれのNameを入力するだけで、属性は選択式で進めていきます（図6.39）。

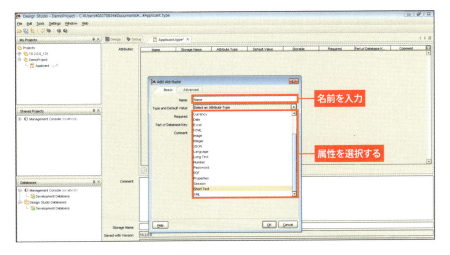

図6.39　Applicantを構成する各データを定義する

　ここでは、ExcelのワークシートApplicantに従って、Name、Phone、Addressを定義します。入力後は図6.40のようになります。

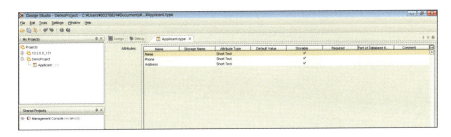

図6.40　Name、Phone、Addressを定義する

●Robotの作成

　ここからはRobotの作成です。

　DemoProject-New-Robotを選択します。

　Typeのときと同様に名前を付けます。「DemoRobot.robot」とします。拡張子がrobotであり、いかにもロボットを作っている感じです（図6.41）。

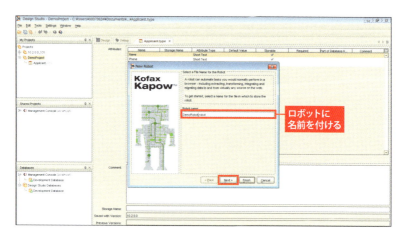

図6.41　ロボットに名前を付ける

　［Next］をクリックして、RobotのスタートとなるExcelファイルの格納場所、Kofaxが持っている「エンジン」、実行モードを選択します（図6.42）。

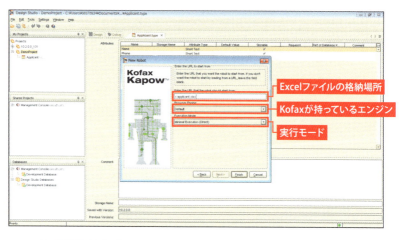

図6.42　ファイルの格納場所などを定義する

　ここではいずれもデフォルトである、Default、Minimal Execution（Direct）を選択します。すると、次の画面で自動的にロボットの最初のステップであるExcelファイルのロードを示すLoad Pageアクションステップが作成されます（図6.43）。
　Designパネルのホームベース形の図形がLoad Pageを表しています。中段下ではExcelのワークシートがロードされていることが確認できます。

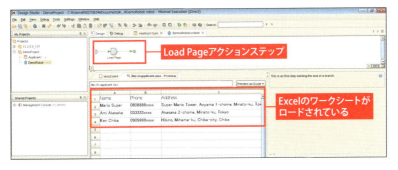

図6.43　Load Pageアクションステップが作成される

●Excelの表示の作成

　人間のオペレーターの場合は、画面上にExcelファイルを開いて作業を進めることから、Excelを表示するアクションステップを追加します。

　ステップの最後を示す右にある⊗印のボタンを右クリックして、Insert Step Beforeを選択して、さらにAction Stepを選びます。すると、空のアクションステップ（ホームベース形の図形・Unnamed）が作成されます（図6.44）。

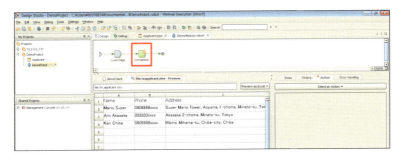

図6.44　Excelを表示するアクションステップを追加する

右側中段のSelect an ActionからExcelの表示にあたるView as Excelを選びます（図6.45）。2つ目のアクションステップとしてView as Excelが作成できました。

図6.45　View as Excelを選択する

6.4.4　変数の取込み

続いて変数を取り込みます。画面の右下に目を向けると、Variablesパネルがあり空白になっています。その左下の「＋」印をクリックすると、Add Variableのダイアログが表示されます。ここで、先ほど定義したApplicantを選択します（図6.46）。

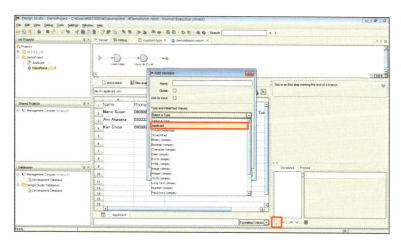

図6.46　変数を取り込む

Variablesパネルにapplicantが登録されました（図6.47）。

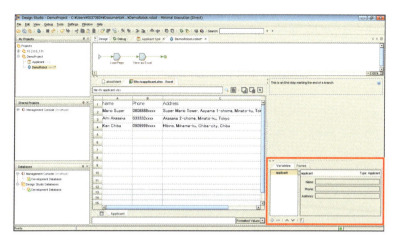

図6.47　Variablesパネルにapplicantが登録された

　Excel上のNameのデータをVariablesに入れたいので、Applicantの最初のレコードのNameのデータを右クリックし、Extract-Text-applicant Nameを選びます（図6.48）。

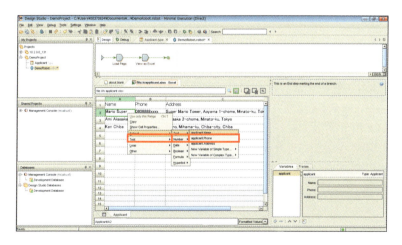

図6.48　Extract-Text-applicant Nameを選択する

3つ目のアクションステップとしてExtract Nameが出来上がりました（図6.49）。

図6.49　Extract Nameができた

同じようにしてExtract Phoneを作成します（図6.50）。

図6.50　Extract Phoneができた

6.4.5　Webシステムのロード

先ほど、Excelを表示するアクションステップを作成しましたが、同様な手順でWebアプリケーションをロードします。

空のアクションステップを作成後、画面の右中段のSelect an ActionからLoad Pageを選択してURLやファイルの格納場所を設定します（図6.51）。

図6.51　URLやファイルの格納場所を設定する

すると、図6.52のようにCustomer Informationのページがロードできたことが確認できます。

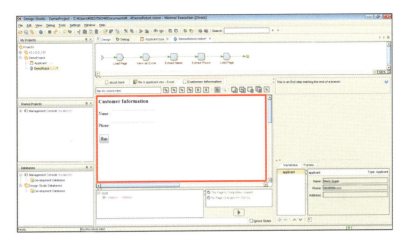

図6.52　Customer Informationのページがロードできた

●変数をWebシステムに入力

ExcelとWebアプリケーションのアクションステップが作成できたので、いよいよデータの入力です。Excelの先頭にあるレコードのNameをコピーしたいので、Customer InformationのNameテキストボックスで右クリックをして、Enter Text from Variable-applicant.Nameを選択します（図6.53）。

図6.53　Enter Text from Variable-applicant.Nameを選択する

アクションステップにEnter Nameが作成されます（図6.54）。

図6.54　アクションステップにEnter Nameが作成された

同じ手順でEnter Phoneも作成します。ExcelのデータがVariablesを通じて入力されているのが確認できます（図6.55）。

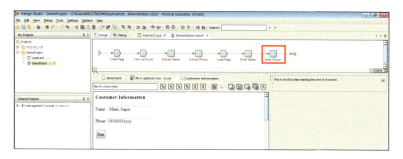

図6.55　Enter Phoneを作成する

◉[Run]のクリック

［Run］をクリックするアクションステップを作成すれば当初想定していた自動化は完了です。ボタン上で右クリックして［Click］を選びます（図6.56）。

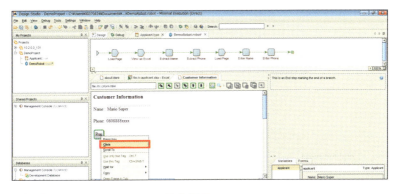

図6.56 ［Run］をクリックするアクションステップを作成する

●Return Valueの追加

最後にReturn Valueというアクションステップを入れて完成です（図6.57）。これはDebugモードでロボットを実行し返却された値を表示可能にするためです。

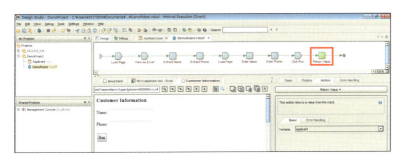

図6.57 Return Valueをクリックするアクションステップを作成する

アクションステップが全部で9個になりましたが、実装の際にはReturn Valueはカットします。人間が意識する主要なステップは、本件のデモでいえば、ExcelからWebへのコピー2つと、［Run］のクリックの計3つです。

ロボットには各アプリケーションのロード、変数の入力などの細かい定義（指示）が必要となることが理解できたと思います。

Kofax Kapowは独自の開発環境ですが、慣れると自ら入力することは少ないのでサクサク進めることができます。

ここでは特徴を見てもらうために、レコードの1件目のみとしましたが、2件目、3件目と同様の操作を繰り返すのであれば、Loopを使います。

6.5 プログラミングタイプの例：Pega

プログラミングタイプの一例としてペガジャパンから提供されている「Pega Robotic Automation」を紹介します。

PegaはMicrosoft Visual Studioを開発のプラットファームとして利用しています。Visual Studioでのプログラム開発とほぼ同様に進められることから、プログラミングの経験者であれば身近な存在です。

筆者のPegaに対する第一印象は、ロボット開発というよりVisual Studioでのプログラミングのようだ、というものでした。プログラミング経験のない人には、Solution、Project、Event、Property、Methodなどの用語の理解が不可欠なことから多少難しく感じるかもしれません。

6.5.1 Pegaのロボット開発の手順

実際によくあるケースであるアプリケーションAとアプリケーションBの間の処理を定義する手順は図6.58の通りです。

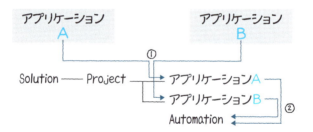

図6.58 Pegaのロボット開発手順の例

Solutionの中に、①アプリケーションAをひも付けたProjectとアプリケーションBにひも付けたProjectをそれぞれ作成して、②Automationに各Projectからイベントやプロパティなどの部品を配置します。

アプリケーションの数だけそれを受けるProjectを作成するので、いったん覚えてしまえばわかりやすい手順です。

6.5.2 Pegaで作成するロボットのシナリオ

.NETで開発したアプリケーション「MyCRM」があります。左上部で顧客番号を入力すると、左側に顧客情報が、右側に直近の購入情報が表示されるアプリケーションです（図6.59）。顧客から事務所やコールセンターなどに電話が入ったら、配送状況を確認して回答するシーンを想定しています。

図6.59　.NETで開発したアプリケーション「MyCRM」

フォーカスのあるテキストボックス（Last Tracking #）には、宅配便の送り状の番号が入力されています。
ロボット化する処理は次の通りです。

- **.NETアプリケーションで送り状番号をコピーする**
- **ヤマト運輸のWebサイトに入力する**
- **Webサイトで「問い合わせ」ボタンをクリックする**

.NETアプリケーションのテキストボックス（Last Tracking #）からコピーした値を貼り付けます（図6.60）。貼り付けた後、[問い合わせる]をクリックします。

図6.60 .NETアプリケーションのテキストボックスからコピーした値を貼り付ける

配達状況が表示されるので、電話を受けた人が顧客に配達状況を伝えることができます（図6.61）。

図6.61 配達状況が表示される

●初期画面

図6.62がPega Robotic Automationの初期画面です。デフォルトでは上部にツールバー（①）、中央にデザイナウィンドウエリア（②）があります。各種のツールウィンドウとして、左側にSolution Explorer（③）、右側上にObject Explorer（④）と下にToolbox（⑤）が置かれています。

ツールウィンドウにはDebugging windowsやNavigatorなどもあります。

図6.62　Pega Robotic Automationの初期画面

6.5.3　Pegaでのロボット開発

それではいよいよロボットの開発に入っていきます。

◉新規プロジェクトの作成

まずは新規プロジェクトの作成です。File-New-Projectを選択して、Project Name、Location、Solution Nameを入力します（図6.63）。

図6.63　Project Name、Location、Solution Nameを入力する

●Windowsアプリケーションのひも付け

Solution Explorerに新しいProjectが表示されたら、Project-Add-New Windows Applicationを選択し、Projectに.NETのアプリケーションをひも付けます（図6.64）。

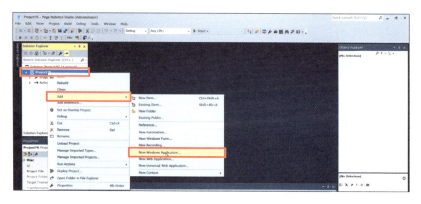

図6.64　Projectに.NETのアプリケーションをひも付ける

ここからは.NETのアプリケーションをWindowsアプリケーションと呼びます。

続いて図6.65の画面になるので、左下のフォーカスのあるPathに「MyCRM」の実行ファイルをひも付けます。ファイル名は「MiniCRM」です。

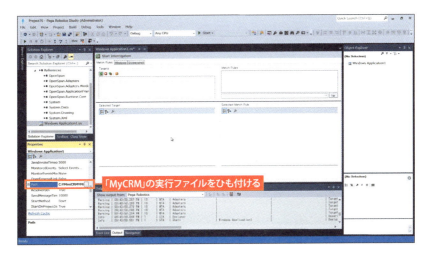

図6.65 「MyCRM」の実行ファイルをひも付ける

次に対象のアプリケーションをロボットから解析するために、[Start Interrogation]をクリックしてInterrogation Formを開きます。左上部角の三重丸マークがInterrogation Formです（図6.66）。

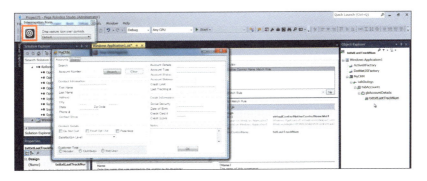

図6.66 Interrogation Formによる解析

Interrogation FormはPegaのロボット開発において重要な役割を果たしています。
　Interrogation Formがアプリケーションの内部構造やDLL間のコールを監視することで、アプリケーションの構造をロボット側で知ることができます。
　ドラッグしてInterrogation FormをLast Tracking #のテキストボックス上でドロップすると、Object Explorerに「MyCRM」アプリケーションの構造が表示されます。
　Last Tracking #はtxttxtLastTrackNumとして、Object Explorerの「MyCRM」の構造の最下層にあります。

◉Webアプリケーションのひも付け

　次にWebアプリケーション用のProjectを作成して、同様な手順でWebアプリの解析とひも付けをします（図6.67）。.NETアプリケーションのときと同様にInterrogation Formを、荷物のお問い合わせテキストボックスと問い合わせボタンにドラッグします。

図6.67　Webアプリの解析とひも付ける

　Interrogation Formでテキストボックスとボタンを取り込むと、Object Explorerには、htmlのソースに基づいてWindowsアプリケーションのときと同じように構造が表示されます。

●自動化の定義

解析した2つのアプリケーションの部品を自動化の定義としてつなげます。
Solution Explorerの中で、Add-New AutomationでAutomationを作成します（図6.68）。

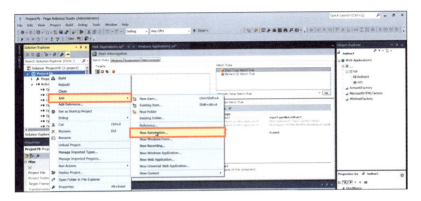

図6.68　Automationを作成する

図6.69のようなまっさらなAutomationデザイナウィンドウ画面が表示されます。これに解析した部品を置いていきます。右側のObject Explorerには、上にWebアプリケーションの構造が、下にWindowsアプリケーションの構造が表示されています。

図6.69　Automationのデザイナウィンドウ画面

Last Tracking #の値が反映されたら（変わったら）自動化が発動するようにします。

右側のObject ExplorerからtxttxtLastTrackNumを選択して、TextChangedイベントを選択してからドラッグしてデザイナウィンドウに持っていきます（図6.70）。

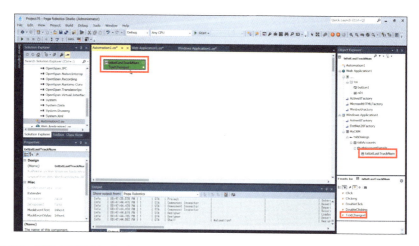

図6.70　解析した部品を置いていく

同じようにして、Windowsアプリケーションのテキストボックスを追加します（図6.71）。

さらに、Webアプリケーションのテキストボックスへのコピーと、最後の問い合わせボタンのクリックを配置します。

図6.71　部品の追加

データの流れは青の矢印で結び、処理の流れは黄色の矢印で結びます。これで図6.72のようにロボットが完成しました。

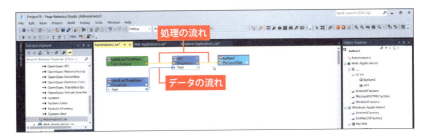

図6.72　ロボットが完成した

●デバッグでの確認

デバッグで念のために別の送り状番号を入れて確認してみます。配達状況で「配達完了」が表示されました（図6.73）

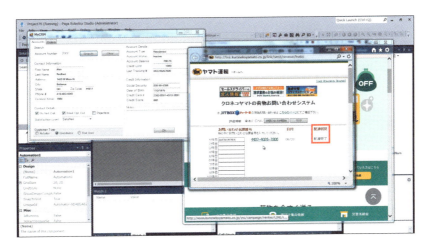

図6.73　デバッグで確認する

Windowsアプリケーションでの対象となる部品の解析、Webアプリケーションでの部品の解析、自動化の定義をフローのような形で配置して定義しました。基本的にはドラッグ＆ドロップで進めることができます。

6.6 設計画面の例：Blue Prism

ここまでロボット開発の例をタイプ別に見てきました。本節ではそれを受けて設計と関連した例を紹介します。製品によってはプログラム設計とプログラム開発を一体で進めることができます。

6.6.1 Blue Prismの設計思想

たとえば、特定の基幹システムや業務システムにログインして情報を登録するような操作を自動化した後で、対象のシステムがバージョンアップなどの理由により仕様変更されることもあります。そのようなメンテナンスなども考慮して、個別のシステムの単位でオブジェクトを作成して、ログインや登録などのアクションを定義することを推奨しています。

ロボットが各システムにアクセスするときは、対象のシステムのオブジェクトを呼び出して必要な処理を実行することから、該当のオブジェクトを修正すれば容易にメンテナンスができるという考え方です。

6.6.2 設計画面の例

図6.74は、Blue Prism固有の開発環境であるObject Studioにおいて、Internet

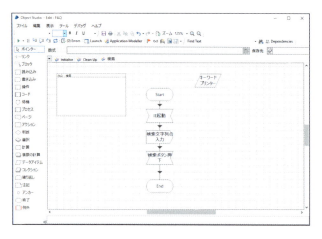

図6.74　Object Studioで文字列を入力して検索する操作を設計した画面

Explorer（IE）を起動して表示されたページに文字列を入力して検索する操作を設計した画面の例です。IE起動後、検索文字列を入力し、検索ボタン押下までの一連のステージの操作フローが描かれています。画面の内容を印刷することもできるので仕様書としても利用できます。

図6.74の画面ではロボットの操作フローを設計しているだけのように見えますが、実は開発画面が表裏一体となっています。

6.6.3　ダブルクリックが設計と開発をつなぐ

図6.75は、フローの中の「検索ボタン押下」というステージをダブルクリックしたときに表示されるプロパティ画面の例です。

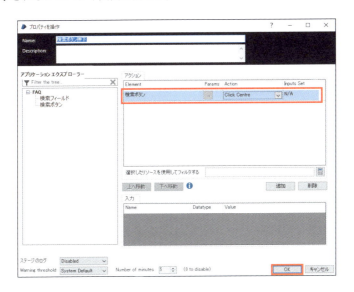

図6.75　「検索ボタン押下」をダブルクリックしたときに表示されるプロパティの画面

この画面ではIEで表示されているページの「検索ボタン」をクリックすることが定義されています。中央上のアクションのElementのフィールドに「検索ボタン」、Actionのフィールドに「Click Centre」があります。

右下の[OK]をクリックすると先ほどの設計画面に戻ります。

設計工程を重視する人にはこのようなタイプの製品が適しているかもしれません。

6.7 ロボットファイルの設計

　ここまで見てきたように、ロボットの開発は製品によって考え方や手順が異なります。そのためロボットのプログラミング開発の前段にあたるロボットのプログラミング設計は製品によって異なるといえます。

6.7.1 工程における位置

　ウォーターフォールの工程において、開発・製造をさらに細かい工程に分けて、プログラム設計、プログラム開発、プログラム単体のテストで説明されることがあります（図6.76）。

図6.76　プログラミングの工程

　業務システム開発全体の中では、ロボット設計はプログラム設計に、ロボット開発はプログラム開発に、そしてロボット単体のテストはプログラム単体テストにあたります。

　本章で見てきたように同じような端末の操作であっても、開発に際しての手順や考え方はRPA製品によって異なることが理解いただけたかと思います。

　製品によって定義の方法が異なることから、ロボットファイルの設計は基本的に製品に依存します。たとえば、最後に見たプログラミングタイプの製品などでは、アプリケーションごとにプロジェクトを作成して進めていきます。別の製品であれば少ないプロジェクトで多数のオブジェクトを入れ込む方法もあります。

　したがって、それぞれの製品の特性を活かした形で設計を進めることになります。製品の違いは別として、プログラム設計の一般論としては、部品化やクラス分けなどの発想も重要です。

COLUMN
部品化に向けてのヒント

　プログラム設計の際に生産性の向上や整合性の観点からクラス分けや部品化を意識して進めることが奨励されています。
　頭の体操のような側面もありますが部品化について考えてみます。

●部品化に向けてのヒント

　クラス分けを考える際にヒントとしてオンラインショッピングを見てみます（図6.77）。

```
商品販売 ── 共通要素 ┬ モノ ────── 配送有 ── DVD、本
                    └ コンテンツ ── 配送無 ── 音源、ebook
```

図6.77　オンラインショッピングの例

　共通要素は数量、価格、税金などです。
　その後のポイントは、モノとコンテンツで考えるか、物理的な配送の有無で考えるかです。コンテンツに関してはバックヤードのシステムに著作権管理などがあります。モノとは管理が異なるので、配送の有無よりもモノとコンテンツを上位に位置付けたほうが適切です。

●RPAの例で考える

　オンラインショッピングと同様な思考で、RPAが活用されるシステムを対象とした操作で比較的多いものを例にして考えてみましょう（図6.78）。

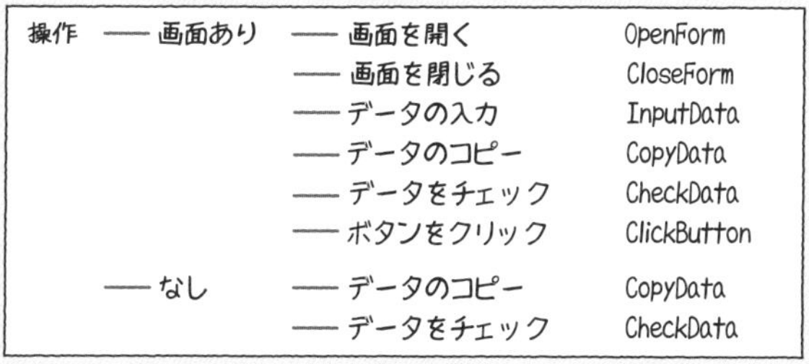

```
操作 ─┬─ 画面あり ─┬─ 画面を開く      OpenForm
      │            ├─ 画面を閉じる    CloseForm
      │            ├─ データの入力    InputData
      │            ├─ データのコピー   CopyData
      │            ├─ データをチェック CheckData
      │            └─ ボタンをクリック ClickButton
      └─ なし      ┬─ データのコピー   CopyData
                   └─ データをチェック CheckData
```

図6.78　RPAでクラス分けや部品化を考えた例

　同じような操作が多数の頻度でありそうで部品化が有効な気がします。また、命名することでプログラミングのイメージもわいてきます。

COLUMN
ユーザー部門に一層近いRPA

　RPAシステムの開発を進めていくにあたって、外部ベンダーの視点からの留意点を挙げておきます。

●「大部屋」への常駐

　システム開発は規模が大きくなると、ユーザー企業の情報システム部門に常駐する形態が多くなります。SI契約を結んだベンダーのスタッフが「大部屋」などと呼ばれるフロア全体に集結したり、さらに大規模になるとビル一棟を占領したりすることもあります。顧客企業や団体が発行するIDカードを携帯して日々自社ではなく顧客先に通います。

　これらは新たに大規模なシステムを導入するケースや、もともと大規模であったシステムを更新するプロジェクトなどであれば見慣れた光景です。

●RPAの場合

　RPAの場合も似ています。あえて違いを挙げるとすると一層ユーザーに近いということでしょうか。情報システム部門のみならずエンドユーザー先に常駐するケースもあるということです。その理由は、ユーザーが利用しているシステムならびにアプリケーションを前提としてRPAが導入されるためです。

　多くの場合RPAは、既存のアプリケーションに対する操作として活用されるのですが、既存の環境がユーザー部門によって異なることがあり、ユーザー部門に詰めるのが最も効率的ということによります。

　もちろんユーザー部門の環境が情報システム部門で再現できれば従来の大部屋でも可能です。しかしながら、EUCで出来上がった産物やユーザーが普段から使っている基幹システムや業務システムとは別に存在する多様なアプリケーションならびにそれらの利用方法を別の場所で再現するのは容易ではありません。

　開発だけでなく要件定義の工程やその前の業務・操作の可視化の工程でもユーザー部門に深く入ります。

第 7 章

業務と操作の可視化

7.1 ロボット開発の前に

ロボットファイルの開発は、開発する具体的なユーザーの操作や処理が明確であれば進めることができますが、それらがないとせっかく身に付けたスキルを活かすことはできません。

ロボットを作成するためには、ユーザーがどのような操作をしているのかなど、その操作の業務における位置付けや業務そのものを知らないとユーザーに利用される価値のあるロボットにはならないでしょう。やはり使われてこそのロボットなのです。

本節ではロボット開発の前段の進め方を整理します。

7.1.1 ロボット開発までの道のり

本書ではここまで、RPAの基本、動向、製品の学習、近い技術、ソフトウェアとしてのRPA、ロボット開発の順番で解説を進めてきました。

しかしながら、ロボット開発に直接的に関連する工程としては、業務と操作の可視化、ユーザー要求の整理、ロボット開発の順で進める必要があります。

業務ならびに操作と、ユーザー要求の整理、ロボット開発の関係は、「業務＞操作＞ユーザー要求の整理≒ロボット開発」となります。

業務ではパソコンの操作以外の仕事もあります。また、それらの操作のすべてがRPAに置き換わるわけでもありません。RPAがカバーするのはパソコンやサーバーの操作の一部ですから、操作範囲全体よりも狭くなります。

業務システムやOCRを使うシーン、AIを使うシーンなどもありますし、新技術に置き換えが困難な操作もあります。

7.1.2 可視化から開発までの3つの階段

業務と操作、そしてロボットの関係を理解したところで、工程を踏まえた左右に展開する図に変更してみます。本書の構成も改めて理解していただくために各章の番号も付け加えました（図7.1）。

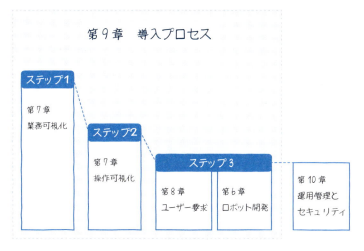

図7.1 本書後半の構成と3つの階段

　筆者は業務可視化、操作可視化、ユーザー要求からロボット開発までを、範囲の大小の違いが階段の高低差のような関係でも表せることから、「3つの階段」と呼んでいます。

　業務の可視化の後で、その一部を構成する操作の可視化ができてユーザー要求の整理から開発に向かいます。この順番で内容をより具体的にしていきます。

7.2 業務可視化の必要性

人間による操作をロボットに置き換える場合には、現行の業務とそのためのデスクトップの操作がどのように行われているかを可視化する必要があります。

人間のパソコンの操作がRPAに置き換わるので、最終的には操作レベルでの可視化が必須です。

7.2.1 資料が存在する場合

「ある業務でRPAの導入を進めたい」と考えたときには、最初に、対象となる業務のマニュアル、業務フロー、システムフローなどの資料の存在を確認するのが通常です。

資料があれば、図7.2のようにプロセスとプロセスの名称、工数、インプットとアウトプットなどの業務の概要をある程度把握できます。把握できたら、さらにRPA適用の対象となるプロセスにおける操作フローを確認します。

図7.2 資料が存在する場合

7.2.2 資料が存在しない場合

業務を表した資料が存在しないのであれば、可視化のための活動を実行して改めて作成する必要があります。資料がない状態でRPAの適用対象となる操作の確認から入ってしまうと、全体の中でどの位置に導入するか、何を目指して導入したかなどが後でわからなくなってしまいます。

ロボットファイルを開発した理由、さらに変更や追加に際しての基準、最終的な展開への基準などが存在しない状況で発進してしまうのは危険です。「業務のこの部分にこのような目的でRPAを適用する」ということを明確にして進めるためには、ベースとなる業務の資料が必要です。

7.2.3 導入前後の比較のために

基本的に可視化ができていないのであればする必要がありますが、導入前と導入後を比較するためにも、導入前の現状の確認として可視化する意味があります。特にRPAを部門全体や全社に導入していくとなると、投資予算を確保して臨むことになります。効果がどれだけ出せるのかを数字で示さなければなりません。

したがって、業務の把握ができていても、改めて最新状況の確認のために可視化することもあります。

7.2.4 新旧業務の呼称

現行業務をAs-Is、導入後の新業務がTo-Beと呼ばれることもあります。
整理すると表7.1の3つの使い分けがあります。

表7.1　新旧業務の呼称

現行業務	新業務	業務が新たに変更される点に着目
As-Is	To-Be	To-Beには未来とあるべき姿の2つの意味
導入前	導入後	新技術やシステムなどの導入を強調

To-Beという言葉はあるべき姿の意味で使うこともあるので、As-Isの分析は必須としないという考え方もあります。

確かにインプットとアウトプットを前提として業務のあるべき姿を設計すると、実現の度合いを別とすれば、たいていは現行と異なる業務プロセスになります。

7.2.5 業務より低い階層に操作がある

操作は業務より下の階層に位置しています。業務のレベルでは、受付け業務はこのようにやるのが理想的である・正しい、受付け後の処理の理想形はこのように行うなどとデザインすることは可能です。

業務レベルでTo-Beを想定できたとしても、デスクトップの詳細の操作も同じようにできるかというと、かなり細かいので想像するのは困難です。

第6章で具体的に見てきたように、詳細な操作のシナリオを持っていないとロボットシナリオの設計・開発はできません。想像で設計することも不可能ではないですが、そのロボットが使えるかどうかはわかりません。

そのような意味もあることから、本書ではこれまでTo-Beという言葉を利用するのは避けてきました。

次節からは業務と操作の可視化の手法について解説します。

7.3 || 業務可視化手法

まず業務の可視化の手法から解説します。

業務の可視化を行うためにはいくつかの手段があります。可視化の目指すゴールは、「業務フロー」と「操作フロー」の作成です。そこに至るまでの手法の紹介をしておきます。

7.3.1 3つの業務可視化の手法

業務の可視化と関連する資料を作成するためによく行われる活動として、インタビュー、業務調査表の作成、調査員による観察などがあります。

◉インタビュー

調査者が業務の担当者や関係者にインタビューをします。最も基本的な活動です。

◉業務調査表

調査者が業務調査表を作成・提供して担当者に業務の時間や量などを記録してもらいます。調査表のレイアウトや記入の方法などには気を遣います。

◉調査員による観察

調査者が担当者の後方に立つ、横に座るなどして業務の状況を観察し記録を取ります。

3つの手法をイメージしていただいたところで、それぞれについて詳しく見ていきます。

7.4 インタビュー

インタビューは業務可視化手法の基本です。ロボットのより良い設計を行うためにはユーザーの課題やニーズをつかむことも大切です。ユーザーとの円滑なコミュニケーションという観点からもインタビューは重要です。

7.4.1 インタビューの進め方

調査者が担当者にインタビューをします。調査者は担当者に対して、インタビューの目的と作成したい資料などを明確にして進めます。

調査者が行う準備としては、事前に聞き出す項目を検討して表7.2のようなインタビューシートを作成して臨みます。

表7.2 インタビューシートの例

インタビュー項目	インタビュー結果
業務名	契約支援
業務概要	見積書、注文書、各種契約書の作成ならびに保管
担当業務	見積書・注文書の作成
開始時間	9:00
終了時間	17:30
処理量	1日約20件
PC操作	CRM、在庫管理システム、Excel
操作内容	入力（作成）、チェック、送信
・	
・	

筆者が以前インタビューを行っていたときは、ノートパソコンの画面に表示したインタビューシートを見ながら質問をしていました。相手の回答もその場で入力していました。

ノートパソコンが筆者とインタビュイーの間に入って「ついたて」のようになることと、入力のために自然と画面を見ることも多いことから、回答者を見つめ続けることもないので、お互いに話がしやすい状況になるという利点があります。

インタビューにおいては話しやすい雰囲気を作るなどの気配りも重要です。

7.4.2　インタビュー上級者

　上級者になるとインタビューしながらその場で業務フローを作成して確認する人もいます。

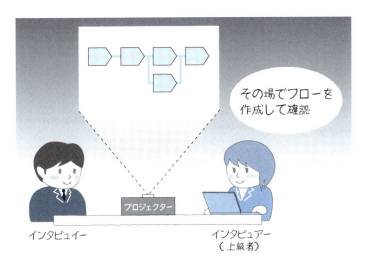

図7.3　上級者の技

　業務プロセスや各自の役割などを可視化するという意味では、上級者のように実施するのが最も効率的です。業務全体を把握している人と各プロセスの担当者にインタビューを行うことで業務フローの作成ができます。

　業務プロセスを見るためには、プロセスにおける人の交代や工程の変更もあわせて確認する必要があります。

　ロボットファイルの設計をする人は、業務担当者へのインタビューも確実にできるようになりましょう。

　なお、インタビューは担当者の主観に左右されるところもあるので、それを抑えて客観性を高めるため、7.5で解説する業務調査表などの別の手段と並行して進めるのが効果的です。

7.5 ‖ 業務調査表

7.5.1　業務調査表とは？

　業務調査表を担当者に事前に配布して一定の期間の間に業務の状況を記入してもらうようにします。「調査表」は「調査票」と呼ばれることもあります。

　調査表は、担当者ごとの業務の順番、所要時間、処理量、工数などを調査するのに適しています。

　調査表でよくあるフォーマットとしては、縦軸に時間を横軸に業務を並べたものです（表7.3）。

表7.3　業務調査表の例

時	見積書作成		添付資料作成		メール	
9	1	翔泳社向け	1	翔泳社向け		
	1		1			
	1	↓	1	↓		
					1	翔泳社向け
					1	社内関係者
10						

　表7.3の例では、10分単位で何をしたか入力してもらうようになっています。例では、9時から9時30分に見積書作成をしていたので見積書作成の欄で1を3つと宛先を入力しています。

7.5.2　調査表作成時の留意点

　調査表はユーザーに直接記入してもらいます。そのため、いかに記入しやすいレイアウトにするかが重要です。

　仮に、縦に時間軸、横に業務とした場合で考えてみます。この場合、時間の単位が細かすぎると記入ができません。業務もあまり多すぎると記入できないので、用紙や

画面のサイズに合わせて多少まとめることも必要です。

　また、調査の後で調査者が集計などをしますが、紙に記入してもらうとデータに落とし込むまでにかなりの手間を要します。そのため、後処理も考慮してExcelのファイルや簡単なWebのシステムに入力してもらうなど、記入の形態に関しても考慮する必要があります。

　紙の場合、記入するユーザーの負荷が少なくレイアウトの自由度も高いです。一方Webの場合はレイアウトの自由度は低くなりますが、調査者の負荷は少なくなります。Excelはいずれも中間になります。

　いずれの形態で提供するとしても、できるだけユーザーの業務に支障を来さないように気を付けたいところです（図7.4）。

　なお、業務調査表を使った調査は、インタビューで聞き出すよりは数字の精度は上がりますが、人間が記入または入力するので若干の誤差はあり得ます。

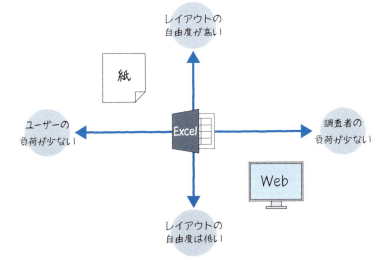

図7.4　紙かExcelかWebか

7.6 調査員による観察

7.6.1 調査員による観察のやり方

調査員による観察は、インタビューや調査表と比較するとユーザーの負荷がほとんどなく、調査する側が工数を使う調査です。

調査員が業務担当者の後方に立つか横に座るなどして業務がどのように進められているかを観察します。

調査の際には、「調査員」の腕章を着けて行うことをお勧めします。

7.6.2 観察する際の留意点

観察する際に、何をポイントにして観察するかをあらかじめ決めておきます。専門の調査員でない場合は、若干の練習やリハーサルをした後で本番の観察をします。

担当者が何をしているかひたすら観察する、業務の流れやインプット・アウトプットを見る、例外処理の頻度と進め方を見るなど、事前に注力するポイントを確認しておいたほうが良いでしょう。

また、調査表と共通する点ですが、半日、1日、数日などのどれくらいの期間実施するか、さらに時期をいつとするかも重要です。せっかく人手で調査を行うのに、必要な業務のシーンが表出されない時期などは避けるべきです。たとえば、日常的な業務の流れを見たいのであれば月末などは外したほうが良いでしょう。

なお、調査員による観察の場合は業務プロセスだけでなく、パソコン操作の画面を追うこともできます。

インタビューや調査表では業務フローや工数の集計にとどまりますが、調査員による観察では操作フローの作成も可能です。

COLUMN
業務フロー、操作フローの例

可視化に関しての解説を進めてきましたので、ここで業務フローと操作フローの例を紹介しておきます。

●業務フロー概要版の例

まずは、業務の概要を表現する例を説明します。業務モデリングの表記法であるBPMN（Business Process Model and Notation）に準拠して作成した文書管理業務の例です。公共機関に提出した文書をスキャナーで取り込み、システムに登録後に各種情報を追加入力して一元管理する業務です（図7.5）。

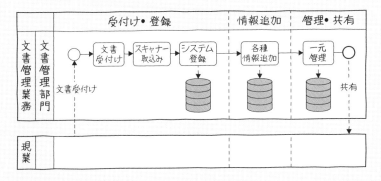

図7.5 文書管理業務のBPMNの例

文書を管理する部門が、現業部門から文書を受け付けるところが始点として描かれています。

最初の受付け・登録のプロセスは、文書受付け、スキャナー取込み、システム登録の3つのアクティビティで構成され、その後に情報追加、管理・共有のプロセスに展開されていきます。

図7.5で使われている始点と終点が太さの異なる線の○印で描かれていること、各アクティビティは角丸四角形で表現する、などの表記法がBPMNで定められています。

●業務フロー詳細版の例

図7.6はある企業における事業の業務フローの例で、実物はA3サイズです。この例では20を超えるアクティビティ（角丸四角形）から構成されています。

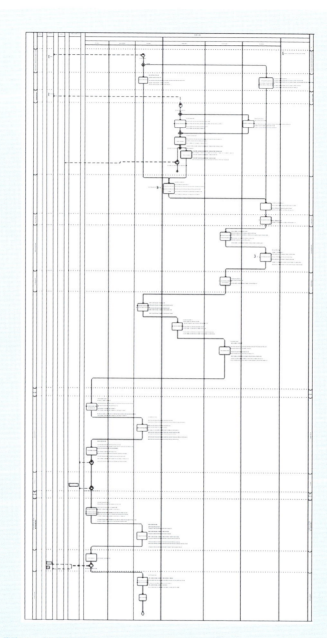

図7.6 業務フロー詳細版の例

ここで挙げた2つの業務フローの例は、BPMNに準拠したiGrafx（アイグラフィクス）という業務フローを描画するソフトウェアで作成していますが、実際には、ExcelやVisioなどを使う人が多いかもしれません。

● 操作フローの例

　画面遷移と操作をまとめた例です（表7.4）。

表7.4　操作フローの例

カテゴリ	プロセス	システム	画面	フィールド	アクション	デスクトップ	現行	導入後
受付け	申込書受領	—	—	—	—	—	180	180
	OCR 読み取り	—	—	—	—	—	60	60
	データ チェック1	ローンα	PC000	デスクトップ アイコン	ダブル クリック	LND0007、 LND008、LND	10	3
			LS001	ID、PW	入力	LND0007、 LND008、LND	30	
			LS005	メニュー、申込書 呼び出し	クリック	LND0007、 LND008、LND	10	6
			LS021	申込書番号	入力	LND0007、 LND008、LND	30	
			LS022	商品区分、 金額、予定日	データ有無 チェック	LND0007、 LND008、LND	90	

Excelで作成した操作フローの一部を紹介しています。

成果物のイメージが共有できたところで、操作の可視化に移ります。

7.7 To-Beデザインのスタート：ロボットマーク

業務を可視化する理由は大きく2つあります。ひとつはAs-Isである現行の業務を知ること、もうひとつはRPA導入後のTo-Beの参考とするためです。

本節では業務レベルでのRPAの導入後を描くロボットマークについて解説します。

7.7.1 ロボットマークとは？

ロボットマークとは、ロボットを表すスケッチのことです。

RPAの導入に向けては、現業部門や情報システム部門、それ以外の部門が関係することもあります。特に全社に導入するとなると関係者の人数は相当なものになります。

そこで、システムに詳しくない人に対しても、「この業務のここにRPAを使う」と絵で示すことができれば、関係者で共有を図ることができます（図7.7）。

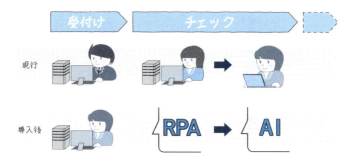

図7.7 ロボットマークの例

このように人、RPA、AIなどをわかりやすい絵で示します。特に決まりはありませんから、最初にわかりやすい絵を作成した人のロボットマークがその企業や団体で活用されることが多いです。

7.7.2 To-Beデザイン

業務の可視化をもとに、どこにRPAを活用するかをロボットマークで示すことでRPA導入後の姿を描くことができます。

どのような業務をしているかがわからないと、導入後の姿が描けないことが理解できたかと思います。

7.8 ‖ 操作可視化手法

7.8.1 業務の可視化と操作の可視化の関係

操作の可視化は、業務の可視化の配下でより詳細な調査として位置付けられます。
業務プロセスを可視化した後で、実際にRPAを適用する操作を可視化します。

もちろん業務プロセスの可視化が既にできていれば、操作の可視化だけに焦点を絞ることができます。

7.8.2 デスクトップの操作の可視化

デスクトップ上での操作の可視化には、大きく2つの方法があります。
アプリケーションの利用状況に対する調査と利用する画面に対する調査です。

◉アプリケーションの利用状況に対する調査

対象となるデスクトップに専用のソフトウェアをインストールして、「アプリケーションの利用状況」や「ファイルの利用状況」などの情報を取得します。

RPA化を目指す処理は、操作時間が長い、または頻度が多い操作でもあります。専用のソフトウェアを活用すれば、秒単位で正確に計測することができます。そのため、実際にどれだけの時間や工数を費やしているのかを可視化するようにします。

◉利用する画面に対する調査

担当者の操作の記録などをWindowsの機能などから取得します。これはロボットファイルの設計に最も近い調査です。

具体的な画面の遷移と画面の中のどこにフォーカスがあたっていて処理が実行されているかを確実に押さえる必要があります。

次節からそれぞれの調査の例について解説します。

7.9 アプリケーションの利用状況に対する調査の例

本節ではソフトウェアによる端末操作の利用状況調査の例を紹介します。

RPA化を図りたい操作は、基本的には時間を要している操作です。時間を要しているのであれば、対象となるアプリケーションを利用している時間が1日、半日、1時間などの基準時間の中でそれなりのウエイトがあることになります。

このような調査は相手がソフトウェアですから、こちらもソフトウェアで臨みたいところです。

7.9.1 ソフトウェアによる利用状況の調査

アプリケーションの実行時間の測定に関して最も正確な方法です。操作を行う端末に、事前に専用のソフトウェアをインストールして利用時間を測定します。

テストをしないで測定をすると、本番で測定できていなかったり、動作に不具合が生じたりすることもあるので事前のテストは必須です。

ソフトウェアによる調査のメリットとしては、秒単位で正確な利用時間を測定できることが挙げられます。

利用状況の調査にはさまざまなソフトウェアがあるので、実績を重視して選定する、外部のパートナーに検証を委託するのであれば、パートナーの作業と連携して行うことなどに留意してください。

企業や団体で各デスクトップの監視などをしているセキュリティソフトのログを解析することで、専用のソフトウェアと同様な情報が得られることもあります。

自社で調査をする場合には情報システム部門などに使用可否の確認を取って進めてください。なお、調査終了後はアンインストールも忘れないようにしましょう。

7.9.2 実際の調査の例

実際に、どのようにアプリケーションの利用状況を見ることができるのか例を示しておきます。筆者のパソコンで本書の原稿を執筆しているときに調査した事例です。

WordとExcelなどを利用して執筆を進めていますが、そのときのソフトウェアの利用状況を実際に調査した例です。

調査にはフリーソフトの「ManicTime」を利用してみました。図7.8を見てください。右側には利用開始時間（測定開始時間）と終了時間があり、測定時間としては、この

例では右上角に1時間29分が表示されています。

その間、コンピューターを休みなく利用していて、複数のアプリケーションを使っています。実際の画面ではアプリケーションの利用状況が色分けされて表示されています。

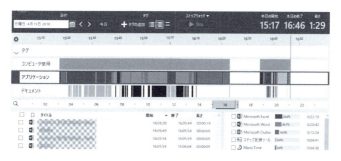

図7.8　アプリケーションの実行時間

さらに、注目していただきたいのは、右下のウィンドウで、ここではアプリケーションごとの実行時間が確認できることです。ちなみに左下ではファイルごとの使用時間が確認できます。

右下の部分を拡大して見てみましょう（図7.9）。Excelが何分何秒、Wordが何分何秒などのように、それぞれのアプリケーションの利用時間が確認できます。

図7.9　アプリケーションごとの実行時間が確認できる

工数をかけている操作にRPAが適用できるのであれば導入効果は高まります。実際にどれだけの時間を費やしているか、本当に多くの時間を使っているのかを数字で確認することは重要です。

ここではひとつの例としてフリーソフトを活用した例を紹介しました。

なお、実際にエンドユーザーのパソコンにインストールをして検証するときに注意してほしいポイントが3点あります。業務を止めてしまう、業務ができなくなってしまうようなことだけは絶対に避けなければなりません。

①同じ仕様・ソフトウェア構成のパソコンで正常に動作するか事前にテストを行うこと

　特にメモリを占有するような容量の大きなソフトフェアや業務システムがあるかどうかは事前に確認してください。

②ログなどのサイズが期間中にどれくらいになるかつかんでおくこと

　操作ログを取得して解析するソフトウェアの場合には、ログがどのフォルダに位置するのか確認してください。特定のフォルダのサイズが大きくなる可能性があるので、事前に想定しておく必要があります。

③調査時期・期間とデータ入手のタイミング

　業務の可視化のときと同様ですが、対象となる操作が行われる期間や時期を選ばなければなりません。

　上記を実際の測定に入る前にクリアしてから進めてください。

7.10 利用する画面に対する調査の例

RPA化を考える場合には利用状況や時間の必要性はもちろんですが、利用する画面の遷移がわからないとロボットファイルを設計・開発することはできません。

本節では、オペレーターの画面操作を記録して可視化してくれるツールである「PSR」について紹介します。

筆者たちが顧客企業でのRPAの導入を支援する中で、オペレーターの操作を可視化する際にもPSRを利用することがあります。PSRはWindows 7以降であればOSに標準で搭載されている機能ですので、特別な費用もかかりません。機能自体も優れている便利なツールです。

7.10.1 PSRとは？

Windowsでは「ステップ記録ツール」とも呼ばれていますが、オペレーターの画面への操作を自動的に記録するツールです。

ウィンドウオブジェクトに対してのマウス操作やキーボード操作の画面をキャプチャする形で記録します。画面遷移の記録とともにどのような操作がされていたかも追うことができます。

7.10.2 PSRの起動方法

［Windows］キーと［R］キーを押します（図7.10）。［ファイル名を指定して実行］ウィンドウが表示されるので、「psr」と入力して、「OK」をクリックします。すると、図7.11のような、「ステップ記録ツール」という小さいウィンドウが表示されます。

図7.10 ファイル名を指定して実行

図7.11 ステップ記録ツール

7.10.3 PSRの使い方

「記録の開始」を押して録画したい操作を行います。

一連の操作が終了したら、[記録の停止]をクリックします。

マウスのクリックなどでポインタが移動しますが、ポインタに赤い丸が表示されるところで画面のキャプチャが実行されます。たとえば、Excelのワークシート内にある駅名をコピーして路線情報サイトにペーストして、経路や時間などを見ようとしたような例です。結果として、図7.12のようなプレビュー画面でどのような操作をしたかが表示されます。

図7.12　プレビュー画面で操作内容が表示される

ステップ記録ツールには、「Review the recorded steps（記録したステップを確認する）」「Review the recorded steps as a slide show（記録したステップをスライドショーとして確認する）」「Review the additional details（その他の詳細を確認する）」という3つのモードが提供されています。

なお、その場で確認するのであれば、2つ目のスライドショーのモードが見やすいです。[保存]をクリックすれば保存できますし、ウィンドウを閉じる際に「いいえ」を選択すれば保存はされません。

保存した場合、ファイルはZIP形式で保存されます。解凍するとmhtファイルが出てきます。開くとInternet Explorerが立ち上がり、先ほどのプレビューと同じ画面で確認することができます。

図7.13はStep3の画面の例ですが、データが入力されているセルをコピーしようとしたことがわかります。

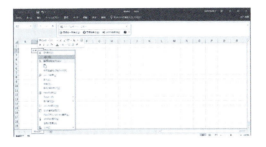

図7.13　プレビュー画面の例

なお、ステップ記録ツールのタイトルの右下にある▼をクリックして［設定］を選択すると、保存する画像の枚数その他の設定ができます（図7.14）。

図7.14　ステップ記録ツールの設定の画面

デフォルトが25枚となっているので、それ以上の枚数を必要とする場合には、ここで枚数を変更します。

COLUMN

英語力はどれくらい必要か？

第6章のロボット開発でも一部を見ていただいたように、現在の製品の多くは画面が英語表記となっています。そのような状況にも慣れていただくために、あえてそのまま各社の英語の表現で解説を進めてきました。

各製品の画面自体は英語のままでも、マニュアルは日本語版の提供が進みつつあります。徐々に日本語の画面も増えていくでしょう。

一方でこれから学習や開発をしていく際に、「どれくらいの英語力が必要なのか？」と考える人もいるでしょう。ひとつの基準はTOEICのスコアでいえば500点くらいではないかと考えています。

これは英語版のマニュアルを読むのであればということです。第6章では実物の画面も掲載していますが、これらを理解できるようであればまったく問題はありません。

●英語力の小テスト

ここで、小テストに挑戦してみましょう。製品の画面や英語版のマニュアルで登場する可能性がある英単語です。

英単語を見て日本語に訳してみてください。おおまかに意味が取れれば十分です。

①object、property　②attribute　③variables　④extract　⑤interrogate

オブジェクトとプロパティは今や日本語ですから読めれば十分でしょう。

オブジェクトは普通に訳すと物体、目的、目的語などです。オブジェクト指向のプログラミングでは、部品の集合体や変数などのプログラミングに必要な諸要素などを指します。

プロパティは普通に訳すと財産とか不動産物件などですが、プログラミングでも同じように開発資産を意味します。あるいは特性や属性などを意味するときもあります。同じような単語としては属性を意味するattributeも挙げられます。

variablesは変数ですが、このあたりから少し難しくなってきます。extractは、抜き出す、取り出す、などと訳され、interrogateは、尋問する、取り調べる、などと訳されます。データの取り出しやデータベースへの問い合わせなどの場面で使われます。

●WinDirectorはどのように読むのか？

このような英語画面やマニュアルの旅をしていた際に、WinActor（ウィンアクター）の画面を見たときには何かホッとするものを感じました。

ちなみに、管理ツールとして新たにリリースされたWinDirectorは「ウィンディレクター」と読むそうです。

第 8 章

ユーザー要求とシステム開発

8.1 ユーザー要求

8.1.1 ユーザー要求整理の位置付け

ユーザー要求整理の工程では、操作の可視化の結果として出来上がった操作フローに基づいて、どのようにロボットを動作させるかユーザーの要求を確認しながら具体的に落とし込んでいきます。

ここまで、業務可視化では業務フロー、操作可視化では操作フローを作成してきました。同様に、ユーザー要求を整理する際にはロボットのフロー（8.3で例示）を作成します。

8.1.2 ロボットフロー

ロボットをどのように動作させるか、どのような処理を行うかを、操作フローをもとに作成します。

第6章で複数の製品における開発手順の例を解説しましたが、ロボットフローがあればロボットの作成はスムーズに進みます。

ワークシート、フローチャート、両者のハイブリッドのタイプがあります。

8.2 ‖ 機能要件と非機能要件

8.2.1 ロボット開発における機能要件と非機能要件

　機能要件は人間からロボットへの置き換えでいえば、どこをどのようにロボット化するかの最も本質的な部分を指します。ユーザー要求から一歩進めて要件定義という言い方をすると、ロボット開発においても、機能要件だけでなく非機能要件はあります。

　システムの利用者である各部門の個別のユーザーが、システム全体に共通するシステムの性能や、セキュリティ、運用、ロボットファイルの変更や追加のルールなどを、要求事項として取りまとめるのは難しいことです。これらの非機能要件は、企業や組織全体で一定の基準に従ってまとめられるべきものです。

8.2.2 非機能要件を忘れない工夫

　開発者としてもユーザーの要求や個別のロボットの設計・開発に集中してしまうと非機能要件は忘れてしまいがちです。特に全社のシステムを見ている情報システム部門などが関与せずに、ユーザー部門がEnd User Computing（EUC・4.8参照）として作成しているロボットなどはこのような傾向があります。

　筆者は非機能要件を忘れないようにするためには、システムやアプリケーションの性能を常に頭に浮かべるようにしています。以前、無線システムに専門的に携わっていた時期があるので、アプリケーションで処理を開始して無線機などからレスポンスが戻ってくるまでの経過時間を考える習慣があります。RPAであれば処理を開始して実行が終わるまでにかかる経過時間ということになります。

　個人の経験によって頭に浮かべる性能のイメージは異なるかもしれませんが、性能を常に考えるようにすると、「性能＝非機能要件」として、続いて「他の非機能要件は確認できているか？」と非機能要件全体に考えが及びますので、失念を防止できます。

8.2.3 非機能要件定義のタイミング

　操作フローの作成後に、業務または機能要件、非機能要件を確定することが望ましいです。ただし、ロボットの非機能要件は最初のロボットの作成で定義するのは難しいという実態もあるため、複数のロボットの作成に着手するあたりで検討しましょう。

8.3 ワークシートの活用

7.6のコラムで操作フローの例を見ました。そこで例示した操作フローはExcelで作成していましたが、ここではワークシートの形式でユーザー要求をまとめていく手法を紹介します。

8.3.1 操作シートとロボット化の範囲の違い

操作シートは操作を可視化した作成物です。現行の業務プロセスの配下にデスクトップの操作があります。

ここで重要なのは、操作シートに記載されている内容がすべてロボット化されるわけではないということです。ロボット化に適した操作もあれば、そのまま人間が行ったほうが良い操作もあります。あるいはRPAでない別の技術を適用したほうが良い操作もあります。

開発者として再確認してもらいたいのは、次のような三段階の思考です（図8.1）。

- ロボット化できる操作はどれか
- ロボット化して効果が出るか
- 別の技術を適用できる可能性は

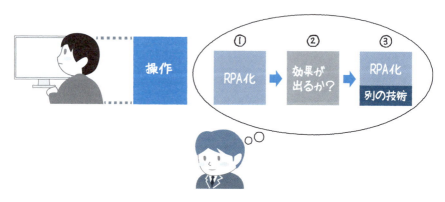

図8.1　ロボット化を検討する際に考える三段階の思考

RPAを含む新技術の導入で効果を上げようとするのであれば、ロボットの開発やRPAに近い技術への理解も必要となります。

8.3.2 ワークシートによるユーザー要求の整理

　操作シートを活用してユーザー要求を整理する手法を紹介します。7.1の操作フローに、さらに2つの工程で追加をします。

①ロボット化の範囲をワークシート上にプロットする

　表7.4の操作フローであれば、右側などに専用のフィールドを追加します。

②ロボットの実行開始と終了のトリガーがわかるように、実行のタイミングなどの情報を記載する

　表7.4で紹介した操作フローを活用します。

　ワークシート上では列を追加するなどして記載します。

表8.1　ワークシートの例

カテゴリ	プロセス	システム	画面	フィールド	アクション	デスクトップ	現行	導入後	(1) RPA	(2) 開始／終了
受付け	申込書受領	—	—	—	—	—	180	180		
	OCR 読み取り	—	—	—	—	—	60	60		
	データ チェック1	ローンα	PC000	デスクトップアイコン	ダブルクリック	LND007、LND008, LND	10	3	○	Scheduler
			LS001	ID、PW	入力	LND007、LND008, LND	30		○	
			LS005	メニュー、申込書 呼び出し	クリック	LND007、LND008, LND	10	6	○	Open LS005
			LS021	申込書番号	入力	LND007、LND008, LND	30		○	
			LS022	商品区分、金額 予定日	データ有無 チェック	LND007、LND008, LND	90		○	

　表8.1では、（1）のRPAのフィールドにRPAの適用の有無が、（2）の開始／終了のフィールドにはRPAの開始ならびに終了のタイミングが記載されています。たとえば、表の開始／終了の「Scheduler」はSchedulerによるRPAの始動が示されています。

　操作フローだけを見ると、ユーザー要求のどれをロボット化すればいいのかと感じることもありますが、表のようにRPA化を具体的に示す項目が加わるとロボット化の範囲を明確にすることができます。

8.4 フローチャートの活用

8.4.1 フローチャートによる操作

　前節ではワークシートの活用を挙げました。企業や組織によっては、業務プロセスの表現法としてワークシートよりもフローチャートのほうが使いやすいかもしれません。
　ここでは、フローチャートで操作フローを表現する例を示しておきます。
　ここまでにBPMNの紹介などもしてきましたが、オペレーターのキーボードでの入力、データのチェックなどの細かい操作には定められた表記法があるわけではありません。したがって、デスクトップの操作をフローチャートにそのまま置き換えるのは難しい作業ですが、業務フロー自体がフローチャートで作成されることが多いので、その関連からフローチャートで操作を表現する人や企業もあります。

操作フロー

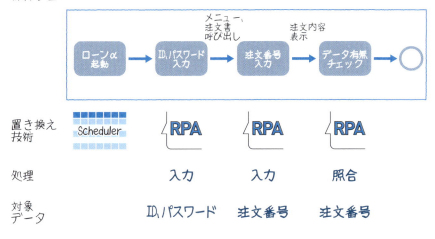

図8.2　フローチャートの活用例

　図8.2ではRPAマークだけですが、RPAによるデータ入力、データのチェックなどで記号を変える例もあります。
　用途によってマークの使い分けをして視覚的に確認することができます。ワークシートと比べると絵を使って表現ができるので活用していく価値はあります。ただし、作成に利用するツールによって効率性が変わってきます。

8.4.2 ロボット動作と対象の明示

　ワークシートの例では右側にフィールドを追加していきましたが、フローチャートでは下に展開していきます。

　図8.2の下側のように、ロボットの具体的な処理や対象のデータなどを加えたほうがわかりやすいでしょう。

　内容によっては多様な絵を使い分けるので最初の何枚かを作成するのに時間を要しますが、慣れてしまえばスムーズに進みます。

8.5 ハイブリッドタイプの活用

ロボットに対するユーザー要求の整理の手法も日々進歩しています。最初に紹介したワークシートによる操作フローが基本的な手法とすれば、エンドユーザーに対してわかりやすく示すフローチャートのタイプも進化の中で育まれてきた手法です。

ここではハイブリッドタイプを紹介します。

8.5.1 ハイブリッドタイプとは？

作成ツールとしてはExcelになりますが、ワークシートとフローチャートの組み合わせです。文字で表現する内容と絵で表現する内容を組み合わせています（図8.3）。

システム	ローンα			
操作	ローンα 起動	ID、パスワード 入力	注文番号 入力	データ有無 チェック
フィールド	デスクトップアイコン	ID、パスワード	注文番号	商品区分、金額、予定日
人 / ツール	Scheduler	RPA	RPA	RPA
開始 / 終了		▶		■

図8.3　ハイブリッドタイプの例

縦だったワークシートタイプを横に変更して、さらにマークを加えたと考えると良いかもしれません。

ワークシートのようなマス目があることから、RPAの開始を簡単に▶のマークで、停止を■マークで示すこともできます。

ハイブリッドのメリットは基本的にはワークシートタイプの機能を備えていることに加えて、図形による表記もあることから、レイアウトによっては一層わかりやすくなることです。

8.6 実は簡単ではないRPAシステム開発

8.6.1 RPAのシステム開発はなぜ簡単ではないのか?

　第6章でロボット開発の例を見ました。学習と実際の開発を進める中で慣れていけば、ロボットの作成自体はスムーズに進められるようになるでしょう。

　たとえば、「あるユーザーのこの操作をロボットに置き換えよう」と考えたとします。このケースでは、RPAソフトウェアの開発環境があれば、対象となる操作を確認しながらロボットシナリオを想定して、設定や開発を進めることでロボットファイルを作成できます。また、作成したロボットは直ちに使うことができます。

　個々のロボットを開発する・作成するのであればそれで良いのですが、複数のロボットの開発を進めていくとなると話は変わってきます。個々のロボット作成は簡単かもしれませんが、複数のロボットを含めたRPAシステムの開発は必ずしも簡単ではありません。

　実際、企業や団体で新しいシステムを導入するのはよくあることです。基幹システムなどをリニューアルするときは、たいていは大きな「Oneシステム」です。Oneシステムは単一のシステムを表現した言葉ですが、社員全員が同じシステムを使います。

　たとえば全社的なCRMシステムであれば、お客様番号の入力の仕方や表示などは、どの社員が操作しても同じです。全社で使う勤怠管理のシステムなどでも休暇申請などで、全員が同じ手順で申請しワークフローも同一です。

　企業や団体で行われているシステムの開発と運用といえば、ほとんどがOneシステムです。もちろんCRMのOne、勤怠管理のOneで全社的には複数のOneシステムの集合体となります。

　ところが、RPAの場合にはオペレーターやユーザーによって使うロボット、あるいは置き換えられるロボットは異なります。そんなシステムを開発して運用した経験はこれまでにあったでしょうか。

　メールソフトやスケジューラなどで、ユーザー自身が使いやすいようにカスタマイズすることはありますが、そのようなアプリケーションやシステムでも基本はOneシステムです。図8.4を見ると、このことが理解できるでしょう。

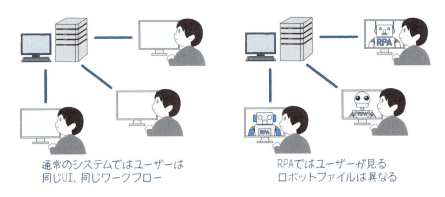

図8.4　OneシステムではないRPAシステム

　通常のシステムであれば、ユーザーは同じ画面を見る、同じワークフローで処理をしていますが、RPAでは個々のユーザーが見るロボットファイルは異なります。

　ロボットの開発そのものは決して難しくはありませんが、システム全体で見ると実は多様で簡単ではないのです。

8.7 ウォーターフォールかアジャイルか

システムの開発では、どのような手法・工程で進めるかは重要です。

ロボットを含むシステム開発でもウォーターフォールとアジャイル開発のいずれを選択するかが議論されます。

8.7.1 ウォーターフォール開発

現在でも業務システム開発の現場ではウォーターフォールが主流です。要件定義、概要設計、詳細設計、開発・製造、結合テスト、システムテスト、運用テストなどのように以前から定められている工程で進められています。

8.7.2 アジャイル開発

アジャイル開発は、ユーザーと連携したチームを組み、短納期でアプリケーションやプログラム単位のそれぞれで、要求、開発、テスト、リリースを進めていきます（図8.5）。

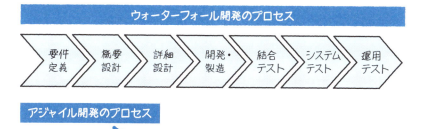

図8.5 ウォーターフォール開発とアジャイル開発

ウォーターフォールの場合にはシステム全体で各フェーズが完了しないと次のフェーズには進みませんが、アジャイルの場合には個別のシステムやアプリケーション単位で進行していきます。

　部門全体での導入や全社導入など、一定以上の規模のロボット開発では、ウォーターフォールやアジャイルなどの開発の手法をあらかじめ定めて進めていきます。

8.7.3　ウォーターフォールかアジャイルか？

　あくまで現時点での筆者の意見ですが、ユーザーに近くてフレキシブルなアジャイルがRPAには適していると考えています。6.7のコラムでも紹介したように、ユーザーごとに異なるアプリケーションであることが第一の理由です。

　今後のさまざまなシーンで進められるロボット開発の経験から、RPA専用のアジャイル手法が確立されていくでしょう。

8.8 RPAにおけるアジャイル開発

8.8.1 現場での例

　小規模なRPAシステムの構築やEUCのように、ユーザー主体でロボット開発を進めていく場合には、アジャイル開発で進めることが多くなっています。典型的な例としては、ロボット開発者の隣にユーザーに座ってもらって、質問や確認をしながら、ロボットのシナリオ作成をして設定（開発）作業を進め、デバッグ機能で動かして確認してもらうという手法です。

　このとき、要件定義や仕様書の作成については、RPAソフトウェアから印刷できるシナリオのデザインシートで代用します。

　図8.6は一部のRPAシステム開発の現場で行われているシーンです。ユーザーの隣に開発者が座って、要求をまとめてその場で開発を進めます。

図8.6　アジャイル開発の風景

8.8.2 現場でのアジャイル開発の留意点

　上記のように進めていくと迅速な開発が可能です。

　しかし、アジャイル開発で留意しておきたいポイントもあります。「ロボットファイル開発≒システム開発」ではないということです。

　8.2で解説しましたが、システム開発の前に要件定義があります。上記にはその中の

非機能要件は含まれていません。たとえば、あるオペレーターの操作を置き換えるロボットファイル開発でいえば、操作そのものをRPAに置き換えることを指します。

　自身の業務がRPAに置き換わることができるなら、ユーザーとしてはOKですが、組織やたくさんのロボットファイルのマネジメントという観点では非機能要件が重要です。

　以下に改めて例示しておきます。

　　セキュリティ　：ロボットファイルやシステム全体
　　性能　　　　　：ロボットファイルに求める性能
　　変更・追加　：ロボットファイルの変更や追加
　　運用　　　　　：ロボットファイルとシステム全体としての運用

　アジャイル開発でロボットを作成してリリースして活用しようとすると、上記は見落とされがちです。

　ロボットごとに、要求、開発、テスト、リリースで進めていきますが、どこかで立ち止まってある程度共通化した非機能要件の定義が必要です。

第 9 章

RPAの導入プロセス

9.1 導入プロセスにおけるロボット開発の位置付け

9.1.1 RPAを導入する際の5つのプロセス

RPAの導入は、全体計画、机上検証、PoC、評価・修正、導入・構築の5つから構成されます（図9.1）。

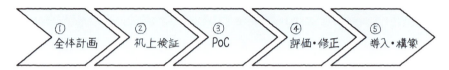

図9.1　RPA導入における5つのプロセス

◉全体計画

RPA導入戦略、導入範囲と対象領域、スケジュール、体制などを固めます。2.4.1でRPAの導入戦略は人的リソースシフトをはじめとして主に4つに分類されると述べました。全社での導入であれば経営幹部と、部門導入であれば部門のトップと導入戦略を共有することから始めます。

◉机上検証

想定している導入効果が上がるがどうかを事前に検証します。

全社導入であれば机上検証をもとに投資予算を想定して確保します。部門への導入の際に関係者が業務自体を十分に理解していない場合は、このプロセスで業務の可視化を行います。

◉PoC

PoCはProof of Conceptの略称で「概念実証」と呼ばれています。

RPAを導入する業務において、想定した活用方法が実現可能かどうかを検証するプロセスです。実証実験と呼ばれることもあります。

◉評価・修正

PoCの結果を評価して、導入範囲や領域、スケジュールなどの修正をします。

確実に効果を上げるためには必要なプロセスです。全体計画の修正につながる場合もあります。

◉導入・構築

上記の4つのプロセスに基づいてシステムを構築して導入を進めていきます。

導入・構築プロセスの開始時点では、当初の全体計画を机上検証やPoCを経て評価・修正することでより精度の高い計画となっています。

なお、現在の先行企業の取り組みでは、限られた範囲でPoCを行い、それから全体計画に戻って進めることが多いです。

現時点では各企業や団体において多様な進め方となっていますが、RPAの導入が一般的になれば図9.1のプロセスに収れんされます。

9.1.2 導入プロセスでのロボット開発の位置付け

システムの開発は導入活動全体においては最後の導入・構築に位置付けられます。どうしてもロボットファイルの開発にフォーカスを当ててしまいますが、導入活動全体やシステム開発全体も重要です。

改めて、導入プロセス、システム開発全体工程の中で、ロボット開発の位置付けを確認しておきます（図9.2）。

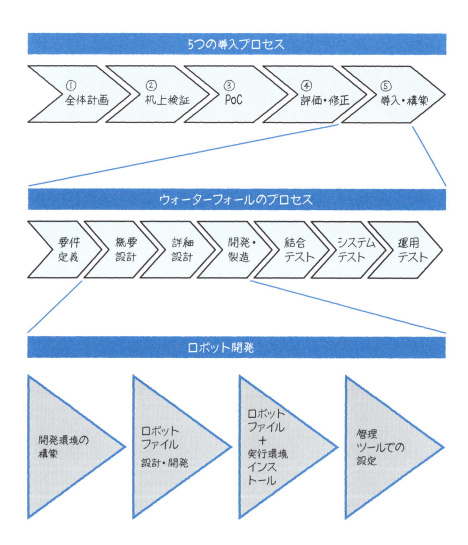

図9.2　ロボット開発の位置付け

　ロボット開発はRPAシステムの根幹ですが、導入活動全体で見るとあくまで一部の工程です。
　次節からは5つのプロセスのそれぞれに関して詳しく見ていきます。

9.2 全体計画

9.2.1 全体計画ですること

　全体計画はICT戦略やRPA導入戦略策定の後で、導入の範囲ならびに順番、推進体制、スケジュールなどを立案します。大規模な導入の場合には全体計画のプロセスの中で投資予算の確保も行われます。

　メインストリームの業務の一部でPoCを先行して実行し、その結果に基づいて必要な金額を算出します（図9.3）。

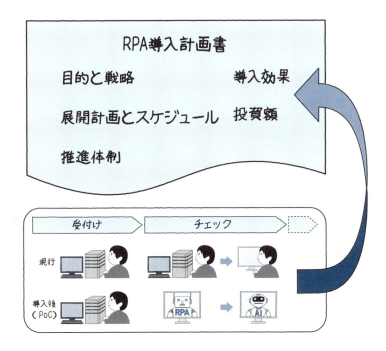

図9.3　全体計画とPoC

9.2.2　全社導入

先行企業は既に全社導入を進めています。全社となると企業や団体の規模にもよりますが、中長期のスケジュールとなります。2年から3年の中期か、5年前後に至るかは企業の規模、事業の数や種類、そしてその中での業務の数やどの粒度の領域を対象とするかによります。

9.2.3　全体計画の例

図9.4はある企業での全体計画のスケジュールの例です。RPA導入戦略策定、計画立案のための検証、計画立案の3つで構成されており、約半年間かけてこれらを実行しています。

その後に続く机上検証フェーズで各事業ならびに業務の可視化と効果検証をしています。

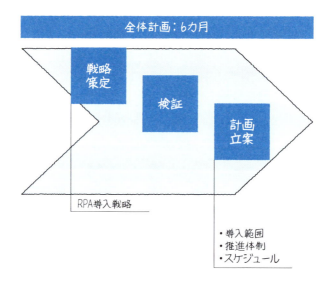

図9.4　全体計画の例

計画立案のための検証では、経営会議での承認、投資予算確保、体制検討などのために、主要事業における一部のメインストリームの業務を選定して、2カ月で効果検証をしています。計画立案はその結果に基づいています。

9.2.4 対象領域の決め方

実際にロボットを導入する業務や領域の決め方ですが、いくつかの例がありますので参考までに見ておきましょう（図9.5）。

◉業務のクラス分け

業務を大中小や重い・軽いに分けて、確実に導入が進められる小または軽い業務を優先します。

◉定型業務洗い出し

データの入力や照合などのRPAに適している定型業務と、人の判断や物理的動作を伴う非定型業務に分けて前者から進めます。

◉予算・工数による制約

限られた予算や人員であることを前提として、業務のクラス分けや定型業務の洗い出しと組み合わせて検討します。

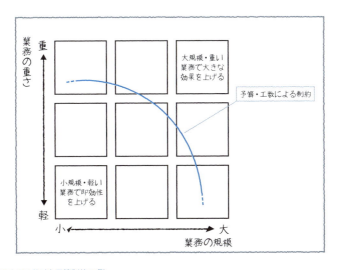

図9.5 業務のクラス分けと予算制約の例

図9.5は業務のクラス分けと予算制約で決めていく例ですが、小から中規模の業務を対象領域としています。

COLUMN
KPIの設定

業務の対象領域の決定に関連してKPI（Key Performance Indicator：重要業績評価指標）の設定にも触れておきます。

計画を立案して対象領域で導入を進めていきますが、どこまで何ができたらOKなのかをあらかじめ設定しておいたほうが間違いはありません。

主要なKPIの例を紹介しておきます。

①人の数または作成するロボットの数

人からロボットへの置き換えは共有しやすい数値のひとつです。たとえば、1名のオペレーターの操作を1台のロボットに置き換えるなどです。

②業務プロセスの数

業務の中での特定の工程やプロセスをロボットに置き換えることができれば確実に効果は上がります。置き換える工程数や業務数などを目標とする考え方です。

③業務時間

人が全体で4時間かけている仕事をロボット化して1時間に短縮した結果として3時間の業務時間を節約できたなど、成果としての時間や工数を目標値とする考え方です。

④効果数値

上記の②や③をさらに進めて、効率化や生産性向上の数値を目標とします。たとえば20%の効率化を目指すなどです。

①〜④以外にも、できなかったことができたなどのYes／Noの目標もあります。全体計画策定の時点で細かいKPIを設定するのは難しいところではありますが、織り込んでおきたい項目です。

9.3 机上検証

9.3.1 二段階の場合もある

机上検証はRPAの導入プロセスにおいて重要な役割を担います。

机上検証の中に第7章で解説した業務と操作の可視化も含みます。

机上検証は、全体計画プロセスの次に進行する場合と複数回に分けて進める場合があります。特に全社導入の場合は投資額が大きくなることから、経営会議での承認、投資予算確保、体制の事前検討などのために、大枠での検証を済ませてから各事業の業務で机上検証を進める場合があります。

なお、部門導入や小規模の導入であれば机上検証を分ける必要はありません。

● 机上検証を分ける例

机上検証を分けた例を紹介します（図9.6）。企画立案のための検証①を全体計画の中で実行し、その後は事業ごとに検証②を行い、導入・構築を進めています。

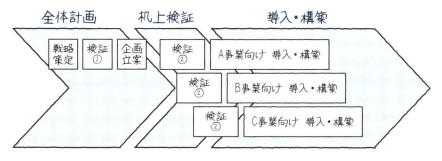

図9.6　机上検証を分ける例

9.3.2 机上検証で作成されるドキュメント例

机上検証で作成されるドキュメントの例を紹介しておきます（表9.1）。
なお、業務フローや操作フローについては、7.2を参照してください。

表9.1 机上検証で作成されるドキュメント例

検証①

項 目	概 要
目的	可・不可判断、適用業務選定、経営会議向け基礎数値取得、各種予算・投資の準備
検証内容	業務プロセスレベル
準拠資料（例）	業務フロー、業務手順書、マニュアル類、各種実績数値、関係者インタビュー
作成物（例）	現行業務フロー、現行業務俯瞰表、導入後の業務フロー、導入後の業務俯瞰表

検証②

項 目	概 要
目的	実装に向けての準備（PoCに向けての準備）
検証内容	操作レベル
準拠資料（例）	操作マニュアル、操作フロー、システムの実績数値、関係者インタビュー
作成物（例）	（現行操作フロー）、導入後の操作フロー

COLUMN

RPAの導入に対する姿勢

企業や団体の導入に向けた考え方について紹介しておきます。
　企業や団体がRPAを導入する際には、これまで取りあえず機械的・定型的な仕事を置き換える、あるいは業務プロセス全体を見直してしかるべきところに導入するという2つの考え方がありました（ここでは、前者を置き換え派、後者を業務改革派と呼ぶこととします）。
　最新の導入状況を見てみると、新たに「RPA派」という勢力が台頭してきました。

●置き換え派

以前から存在する考え方です。機械的・定型的な業務を発掘・選定して、そのような業務を中心に置き換えるようにRPAの導入を進めます。

業務プロセス自体に変更はなく、また、適用する領域も限られていることから比較的スムーズに導入が進み、短期間で成果を享受することができます。

●業務改革派

業務改革の一環としてRPAを導入します。

業務改革を志向する場合には、現行業務の可視化を実行した後で、改善・改革後となる新業務フローを設計します。

新業務の一部にRPAをソリューションとして導入します。業務改革を目的とすることから、RPAだけにこだわることなく別の技術の導入も検討されます。もちろん人の仕事の業務改善も含まれます。

比較的大きな効果を上げることができますが、可視化や改革後の姿を描く時間と工数が必要となります。

●RPA派(割り切り派)

もともとは置き換え派や業務改革派でスタートしているのですが、PoCなどの経験から、RPAの活用状況に合わせて現行業務を「後から」変更するやり方です。

たとえば、1日に100件の入力があるとして、RPAで97件から98件の完了にとどまる、つまり2〜3件の未入力またはエラーがある場合には、RPAの入力完了を受けた後に、人間が処理の結果とログを確認して未入力分を入力します。

このような仕事のやり方でも、結果的に以前より短納期でミスが少なければ良いのです。ある種の「割り切り」をした活用です。

このような柔軟な対応は、RPAの導入にあたっては重要だと考えています。

筆者はもともと改革派に属していました。しかし、割り切り派の存在を知ってから、その考え方を魅力的だと思うようになりました。

その理由は、仕事そのものをRPAに合わせて柔軟に変えているからです。結果的に仕事のやり方を変えているということは、業務改善・改革を成し遂げているのではないかと考えるようになりました。

9.4 PoC

9.4.1 PoCの2つの形態

PoCは現在のRPAの導入においては必ず行われています。

PoCには2つの形態があります。

ひとつは個人のパソコンの操作に対する実証です。最小の場合には一人または1台のパソコンに対して行います。

もうひとつの形態は、個人の仕事をターゲットとするのではなく、ワークグループや組織の業務プロセスを対象とします。

PoCを実施する際には、できれば後者の形態である業務プロセス全体での実証をしたいところですが、実際には取りあえず一部のプロセスに絞ることが多いです。

9.4.2 PoCの進め方

PoCの進め方の流れは大きな意味では1つですが、RPAの対象となる業務や領域の絞り込みができているかどうかで工程は変わります。

対象領域が決まっているのであれば直ちにPoCに入れますが、そうでないと対象領域を決める作業から入らないといけません。「PoCをやりたい＝どの業務のどこでやるか」が関係者で共有できているかということです（図9.7）。

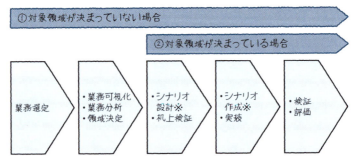

図9.7　PoCの進め方

対象領域が決まっていないと、図9.7の①のように業務選定、可視化・分析・決定の工程が必要です。

9.4.3　PoCの目的形態

PoCの目的といえば、RPAが使えるかどうかということを想像されるでしょう。しかしながら、その他にも留意していただきたいポイントがいくつかあります（表9.2）。

表9.2　PoCで留意すべきポイント

カテゴリ	項　目	概　要
PoCでの確認事項	置き換え	可／不可、代替手段の検討
	想定効果	想定効果に対する高・低
	製品適性	業務に製品が適しているか
導入・構築に向けての準備	業務プロセスの変更	有無
	留意点	個別業務導入パターン
		体制
		対象領域
		例外処理、エラー対応、実行タイミング

◉想定効果

置き換えや使えるという決定ができたとして、想定していた効果が得られるかどうかです。たとえば20%の効率化が図れると事前に想定して、目標をクリアできるかどうかです。

◉製品適性

適切と思われる製品を選定したはずですが、PoCを行う中で合わないケースが出てくることもあります。合わないケースとしては、操作が難しい、対象となるソフトウェアとの親和性が低い、想定より開発が難しい、製品の機能に問題があるなどです。

◉業務プロセスの変更

当初は業務プロセスの変更はない予定であっても、実証の結果として、RPAの実行の前に準備作業・確認などの後処理の追加などが必要になる場合があり得ます。9.3のコラムのような例もあります。

●留意点

個別業務導入パターンは図9.6でも見ましたが、各業務で検証をして導入・構築を進めるなどのパターンを確立することです。

その他の留意項目としては、体制ならびに対象領域があります。対象領域は9.2.4で解説しました。さらに、例外処理、エラー対応、実行のタイミングなどが挙げられます。

なお、PoCを済ませた後は本導入を進めていきますが、人材や体制がしっかりしていないとうまくいかない可能性があります。これについては、9.6で再確認します。

9.5 評価・修正

PoCで実証をすると全体計画に対して修正すべき点が見えてきます。

評価・修正は計画通りに進まないポイントが見付かったときに立ち止まる機会を設けるために設定しています。

9.5.1 全体計画の修正

PoCの結果を踏まえて全体計画を構成する、導入の範囲ならびに順番、推進体制、スケジュールなどを修正します。

PoCの視点である、効果検証、製品の適性、計画との相違、業務プロセスの変更有無の確認、導入する上での細かい留意点の確認、本導入を想定した人材ならびに体制などを評価した上で行います。

9.5.2 修正はあると考えるべし

先行企業では必ずといっていいほど見直しがあります。そのため、全体計画の多少の変更はあり得ると考えて臨んだほうが現実的です。

特に表9.2で挙げた留意すべきポイントの項目などは、実際にPoCをやってみないと判断が難しいことでもあります。

9.6 RPAエンジニアとRPAコンサルタント

RPAを導入するのは企業や団体にとって新たな取り組みです。

ここでは導入に携わる人材について解説します。社内スタッフ、外部パートナーのいずれであっても役割は変わりません。

9.6.1 RPAエンジニア

たとえば、一人のオペレーターがデスクトップで行う操作の一部をRPAに置き換えるとします。ここまでの解説を踏まえると、次のような役割があります。

・プロジェクト・マネジメント
・操作可視化
・ユーザー要求の整理
・ロボット開発
・ロボット管理

上記の役割を担う人をRPAエンジニアと呼ぶことにします。

プロジェクト・マネジメントはRPAに限ったことではありませんが、操作可視化から管理までは、これまで解説してきたようにロボット開発を理解した上での取り組みが必要となります。

一人のオペレーターが行う操作の置き換えであれば、一人のエンジニアがすべての役割をこなすことも可能です。小規模な業務や業務の一部でも何とか一人で対応できそうです。

9.6.2 RPAコンサルタント

それでは業務全体や業務が複数あるいは大量となった場合はいかがでしょうか。

複数のプロジェクトが多様な工程で並行して走るとなるとRPAエンジニアだけでは難しく、専門性に応じて役割を分担することとなります。特に大規模なプロジェクトになると、RPAエンジニアとは別の役割も必要になります。この役割に携わる人をRPAコンサルタントと呼んで、RPAエンジニアと明らかに分けます。

具体的には、図9.8のような役割に分けます。

図9.8　RPAエンジニアとRPAコンサルタントの役割分担

　大規模プロジェクトではRPAコンサルタントとRPAエンジニアが役割分担をしながら、連携して導入を進めます。

9.6.3　スムーズにバトンを渡すために

　RPA導入プロジェクトで課題となるのは、コンサルタントからエンジニアにどの位置でバトンを渡すかです。たとえば、業務可視化までがコンサルタントで、その後からエンジニアに切り替わるなどです。

　工程上はその通りなのですが、PoCでのシステム開発まではコンサルタントが担当したほうが良い場合などもあります。

　ここまで読み進めてきた皆さんは既に模範解答に気付いているでしょう。すなわち、RPAコンサルタント、RPAエンジニアの双方が本書の内容を理解して臨機応変に対応すれば問題はないということです。

　両者が共通の知識を有していて、相手の役割も理解した上で専門性を発揮してくれればスムーズにバトンを渡すことができます。これは内製する場合でも外部のパートナーを活用する場合であっても通じる話です。

9.6.4　人材の不足

　現実のRPA導入のシーンではいずれの人材も不足しています。本書では両者のノウハウを解説してきましたが、RPAコンサルタント、RPAエンジニアのどちらがご自身に合っているか、オールラウンドプレイヤーを目指すか、あるいは大規模な導入プロジェクトを経営的な手腕で支えるなど、さまざまな選択肢があります。

COLUMN

導入業務の展開と内製可能な範囲

企業や団体がRPAを導入して展開していくにはある種の法則があります。

1.7.3で紹介しましたが、最初に①社内の情報共有や支援業務などの軽い業務で開始し、続いて②社内のルーティーン実務、③顧客向けのビジネス・プロセスに展開していきます。

●RPAの展開と内製化

ここで内製化との関係を考えてみます（図9.9）。縦軸に上記の①～③、横軸にユーザー部門、ユーザー部門＋情報システム部門、ユーザー部門＋情報システム部門＋外部パートナーとして考えてみます。

横軸は業務で分けた①～③を小規模・中規模・大規模と読み替えても良いかもしれません。

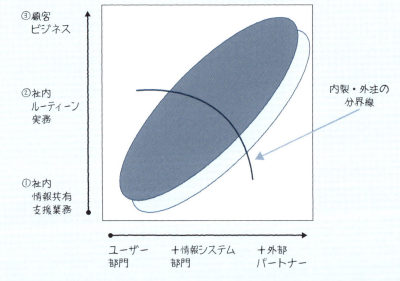

図9.9　RPA展開と内製化

ユーザー部門と①の組み合わせはRPAに対してEUCで臨むケースです。

実際の導入では顧客とのビジネス・プロセスに展開するときは、規模や難易度との兼ね合いから外部パートナーを活用するケースが多いようです。

第 10 章

運用管理とセキュリティ

10.1 運用管理システム

10.1.1 運用管理システムとRPAの関係

　一般的に基幹システムや各業務システムの運用の監視ならびに管理には専用のシステムがあります。システムの運用管理の観点でいえば、RPAは運用管理システムの配下に位置付けられます。

　一方、RPA自体も配下のロボットの運用管理はしています。第4章でBPMSを紹介しましたが、BPMSはワークフローの配下にある人間とRPAほかの運用を管理できます。

　運用管理システム、RPA、業務システム、BPMSの関係を見ておきましょう（図10.1）。

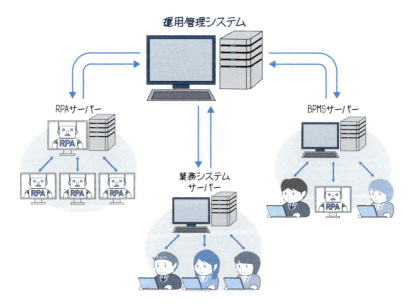

図10.1　運用管理システムとRPA、業務システム、BPMSの関係

　運用管理システムが頂点にあって、RPAの管理ツールのあるサーバー、業務システムのサーバー、BPMSサーバーなどを監視します。

　RPAは、多数存在するシステムのひとつとして運用管理システムの配下に位置付けられます。

運用管理といえば、運用監視とシステムを安定稼働させるための管理や復旧などを意味しますが、ここでは運用監視を主に取り上げます。

RPAの運用管理の話に入る前に、一般的な運用監視システムが何をしているかを確認しておきます。

10.1.2　運用監視システム

大きくは2つの側面の監視があります。ヘルスチェックとリソース監視です。運用監視サーバーからヘルスチェックやリソース監視を行いますが、監視対象はサーバーやネットワーク機器までです。

◉ヘルスチェック

サーバーやネットワークが動作しているか運用監視サーバーなどから確認をします。「死活監視」と呼ばれることもあります。

対象の機器の通信ポートに運用監視サーバーなどからパケットを送信して応答を確認するネットワーク監視、特定のファイルが動いているか止まっているかを確認するプロセス監視などがあります。

◉リソース監視

対象の機器のCPU、メモリなどの使用率を監視します。

監視した結果として、使用率が30%であることを表示する、高い場合にはアラームを表示するなどを行います。

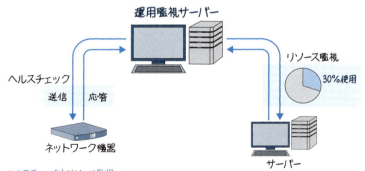

図10.2　ヘルスチェックとリソース監視

10.2 ‖ RPAの運用管理

10.2.1 RPAのヘルスチェックとリソース監視

運用管理システムで、ヘルスチェック、リソース監視があることはお伝えしました。RPAの管理ツールにも同様な機能はあります。ヘルスチェックはロボットが動いているかどうか、リソース監視は想定内の処理量かどうかの確認として機能します。

ロボットが主役となるRPAの管理ツールでは、管理対象がロボットの場合と関係する人間の場合の2つの視点で考えるとわかりやすいです。

◉管理対象がロボットの場合

RPAの場合は通常は複数のロボットを管理します。ロボットを対象とすると、次のような管理があります。

- ・プロファイル　：名前や役割
- ・稼働状況　　　：動作の有無
- ・スケジュール　：定刻の開始・終了
- ・処理の完了　　：処理の完了・未完了
- ・稼働ロボット数：ロボット全体と稼働中の数量
- ・動作の順番　　：ロボット間の動作の順番
- ・ワークグループ：業務や工程などでのグループ分け

◉管理対象が人間の場合

ロボットではないので、RPAの外側に存在しますが、その存在や役割を明確にする必要があります（図10.3）。

- ・権限管理：管理者、開発者、ユーザー、他
- ・グループ：ユーザーのグループ化や階層分け

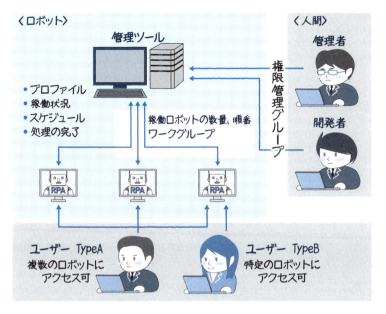

図10.3　管理ツールのロボットや人に対する管理

　この場合、ロボットの周りに権限管理された人間が存在します。
　RPAの導入以前と比べると、人間がグループで行っているときの管理がそのまま置き換わっているだけなのですが、改めて人間が行っている管理の完成度の高さが理解できます。

10.3 運用管理画面の例：Kofax Kapow、Pega、WinDirector

10.3.1 Kofax KapowのManagement Console

　Kofax Kapowは、WebブラウザのManagement Consoleからさまざまな情報を確認することができます。

　図10.4のDashboard画面はポートレットによる表示で、RoboServer memory usage（RPAサーバーのメモリ使用状況）、Total executed robots（動作しているロボットの数）などを一画面で確認できます。

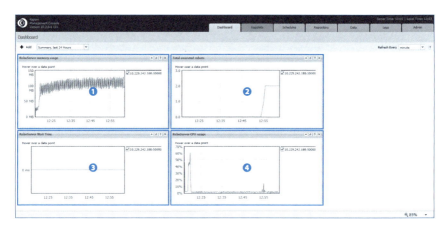

図10.4　Management Console Dashboard画面の例

　たとえば、①がRoboServer memory usage、②がTotal executed robotsの状態を表しています。ちなみに③はRoboServer Wait Time、④はRoboServer CPU usageです。

図10.5は各ロボットの処理のスケジュールを管理する画面の例です。例では1行が1ロボットになります。

図10.5　Management Console Schedules画面の例

次のData画面では、ロボットがデータベースに格納したデータを見ることができます（図10.6）。

1行目には商品名（NAME)Super S 7という商品のレコードが入力されていることがわかります。

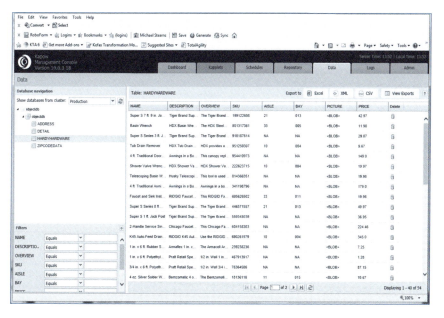

図10.6　Management Console Data View画面の例

10.3.2 Pega の Robot Manager

Pegaの管理ツールはBPMSのPega7の配下に位置付けられるRobot Managerです。

●Robot Managerのロボット・ビュー

それぞれのロボットの稼働状況が一覧で確認できます。ロボットを表す絵がかわいらしいです（図10.7）。

ロボットに番号だけでなく、どんな仕事をしているかのプロファイル情報を付加することができるので仕事の進捗がわかりやすいです。

たとえば、1行目のロボットはカスタマーサービスのワークグループに属していて、CUSTSERV03_VSASAMWAPという名前が付けられています。

画面上では現在アクティブな状態であることがわかります。

図10.7　Pega Robot Managerのロボット・ビュー画面の例

図10.8はワークグループで見た例です。

上段と下段で「Banking」と「Customer Service」としてワークグループが分かれています。

導入が増えてグループ化が進んでいくと、このようなワークグループで見ることのできる画面は便利です。

図10.8　Pega Robot Managerのワークグループ・ビュー画面の例

10.3.3　WinDirectorの実行ロボ状態確認画面

図10.9は実行ロボ状態確認の画面の例です。

画面では計12体のロボット（WinActor）が、凡例にある実行中（緑▶）、待機中（青■）、シナリオ停止中（赤▶）、異常停止中（赤■）の4つの状態のうちどの状態にあるか一目でわかるようになっています。

たとえば、左上のモックグループ1に属する実行ロボID：0000000001のロボットは待機中であることを示しています。

図10.9　WinDirectorの実行ロボ状態確認画面の例

10.4 RPAならではの運用管理

10.4.1 仕事の進捗は誰が管理すべきか？

　システムとしての運用管理はこれまでで述べた通りですが、RPAの場合はシステムやソフトウェアとしての稼働に加えて、人の代行として定められた仕事ができているかどうかという側面もあります。

　RPAの処理の完了に関しては、システムの運用管理部門でも現業部門でもわかりますが、処理の対象である仕事の内容は現業部門でないとわかりません。したがって、業務プロセスを管理している現業部門が確認するのが適切です。

　このように考えると、ロボットが人と同じような仕事をするのであれば、導入した現業部門でも管理者を立てる必要があります。

　RPAだけで完結する業務も現時点ではまだまだ少ないです。業務全体を見る管理者が兼務することも可能ですが、今後に向けてRPAの管理者は定めておきたいものです。

10.4.2 RPAの業務システムへのログインID

　RPAが業務システムにログインして処理を実行することはよくあることですが、そのときのログインのIDやパスワードはどうしているのでしょうか。

　現時点では、次の3つの選択肢があります。

①個別のロボット専用のIDとパスワードを発行する
②ロボットとして一括のIDとパスワードを発行する
③特定の人間のIDとパスワードを流用する

　上記の中で多数派は①です。ロボットそのものが少ないケースや、ロボットの担当業務が流動的なケースであれば②や③が選択されることもあります。

COLUMN
運用監視をRPAで行う

　RPAはシステムの運用監視業務そのものでも使うことができます。ここでは運用監視の事例を紹介します。

●**運用監視の例**

　システムの運用監視ではヘルスチェックやリソース監視が定期的に行われています。以前から稼働しているシステムであれば、運用監視のシステムにおいて定期実行がされているので自動化されています。

　しかしながら、新しいシステムや追加変更などが頻繁なシステムでは、人間が定期的に監視をすることも多いのが実態です。

　このヘルスチェックとリソース監視をRPAに代行させている実例もあります。

　システム関連業務の専門家の集団ですから、RPAの導入にも関心が高いことによります。

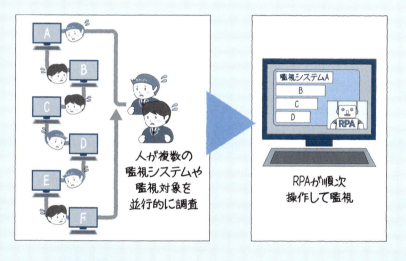

図10.10　RPAが監視システムを操作

　人間が複数の画面を見ながら監視システムや監視対象を定期的・並行的に調査していますが、ロボットが代行するほうがはるかに効率的です。

　図で見ていただくと監視システムや監視対象の操作はRPAと相性が良い活用方法であることがわかります。

●Webの運用監視の例

なお、同じような例でWebサービスの運用監視のケースもあります。

Webの場合にはシステムのヘルスチェックとリソース監視に加えて、重要なページが正しく動作しているかを監視します。たとえば、見積依頼のページが正常に動作しているか、注文システムが機能しているかなどです。

Webの場合には、サーバー、URL、内容そのものの変更も頻繁であることから、人間が動作状況を確認している企業も多いのが実情です。特に急成長しているWebサービスの企業などは大量の人員を投入して、不正アクセスも含めて監視しています。

お客様からの注文が受けられなくなること、商品の画像が表示されないこと、意図的に別の内容に変更されることなどは売上に与える影響が大きいので、ある種の人海戦術になるのも仕方ないでしょう。

ページが正しく表示されているか、動作するかなどの監視であれば、難しい定義ではありませんからRPAの活躍が期待できます。

筆者も有名なWebサイトで、オペレーターが一定の間隔で確認しているのを見たことがありますが、大変な仕事です。

システムの運用監視やWebサービスの監視の例はRPAとの相性が良いので、今後同様なシーンでの導入は増えていくでしょう。

10.5 RPAのセキュリティ

10.5.1 物理構成から見たセキュリティ脅威

RPAはシステムとしては、サーバーとデスクトップから構成されています（図10.11）。

セキュリティの観点でいえば、サーバーとデスクトップ内のアプリケーションとデータにどのような脅威があるかということになります。

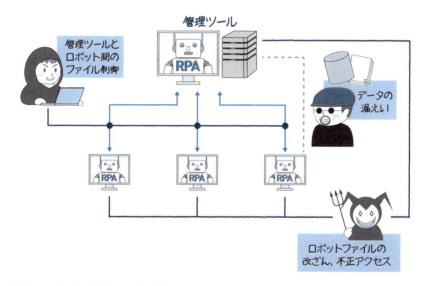

図10.11　物理構成から見たセキュリティ脅威

セキュリティの脅威としては、ハードウェアとしてのサーバー、ネットワーク機器、デスクトップももちろんありますが、本節ではソフトウェアとしてのRPAに対する脅威に絞って解説します。

10.5.2 具体的なセキュリティ脅威

RPAソフトウェアに絞ると、次のものが主なセキュリティ脅威の例です。

- ロボットファイルの改ざん
- ロボットファイルへの不正アクセス
- データの漏えい
- 管理ツールとロボットファイル間の制御

◉ロボットファイルの改ざん

第6章でロボットの開発を解説しましたが、開発者が定義した処理の改ざんです。

日々実行されている処理や、定期的に実行されている処理が改ざんされた場合の被害は甚大です。

◉ロボットファイルへの不正アクセス

改ざんと別にしましたが、権限のない人間がロボットファイルにアクセスすることにより、ロボットファイルがスケジュール通りに実行できない、存在を明らかにしていないロボットの存在が知られることが想定されます。

◉データの漏えい

ロボット実行の際に外部データを取得し保持しますが、それらのデータの漏えいです。たとえば、顧客情報をあるシステムから別のシステムにコピーする際に、データファイルやデータベースに対象データを保持します。保持されたデータに対して不正なアクセスにより漏えいが生ずる可能性が想定されます。

また、動体視力がかなり優れた人間に限定されますが、ロボットが扱っている機密データを目で見て盗むという可能性もまったくないとはいえません。

◉管理ツールとロボットファイル間の制御

管理ツールと各ロボットの間でのデータのやり取りに関する漏えいが想定されます。

10.5.3 セキュリティ対策

製品によって対策の実装の状況は異なりますが、個々のセキュリティ脅威に対する対策例をまとめると表10.1のようになります。

表10.1　セキュリティの脅威と対策例

セキュリティの脅威	対策例
ロボットファイルの改ざん	ロボットファイルの暗号化
ロボットファイルへの不正アクセス	・細かいレベルでの権限管理 ・デスクトップ操作の監視
データの漏えい	・取得した外部データの暗号化 ・表示データのマスキング
管理ツールとロボットファイル間の制御	ロボットファイルと管理ツールの間の通信データはSSL（Secure Sockets Layer）で暗号化するとともに、IDとパスワードによるユーザー認証機能を備えている

セキュリティは今後一層必要性が大きくなる分野です。上記に限らずさまざまな対策が施されていくことでしょう。

RPAの導入が進んでいくと、ロボットファイルの数量そのものも多くなり、扱うデータ量も大きくなります。

大量のロボットとデータを扱う前に、各企業や団体でのセキュリティポリシーに準じた対策を講じておくことは極めて重要です。

10.6 セキュリティ画面の例：WinDirector、Blue Prism

セキュリティ関連の画面の例も紹介しておきます。

WinDirectorとBlue Prismの画面の例を取り上げます。

10.6.1 WinDirectorの権限管理画面の例

WinDirectorでは、ユーザー登録した結果をユーザー一覧の画面で確認できます（図10.12）。

ユーザー一覧に表示される以前にユーザー登録があり、ユーザー名、パスワード、権限、有効期限などを定義します。権限の種類には、フルアクセス、シナリオ＋ジョブ登録、ジョブ登録などがあります。

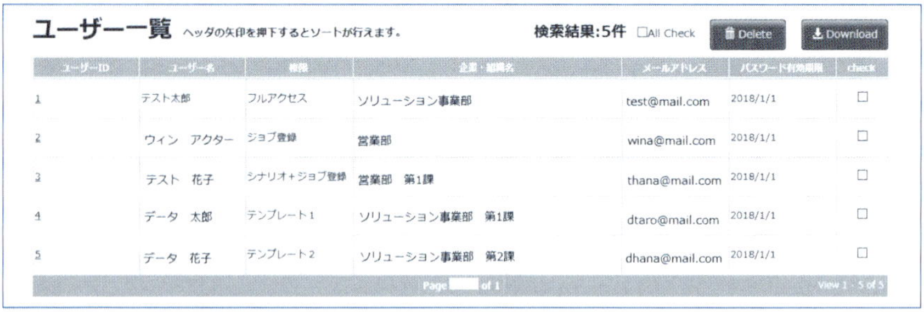

図10.12　WinDirectorの権限管理画面の例

フルアクセスはWinDirectorのすべての機能が使用可能です。

シナリオ＋ジョブ登録はジョブ登録に加えて作成したシナリオの登録・削除ができます（ジョブ：WinDirector上に登録されたシナリオまたはシナリオ群、シナリオ：WinActorにて作成されるロボット動作フロー）。

ジョブ登録はジョブの登録・更新・削除などに限定されます。

画面の1行目のユーザーのテスト太郎はフルアクセスができます。

4行目にテンプレート1の権限がありますが、必要に応じて権限を自由に定義できます。

10.6.2 Blue Prismの権限管理画面の例

権限管理をRPA担当者の役割に準拠して設定します（図10.13）。役割は画面中央上にあります。Alert Subscriber、Developer、Process Administrator、Runtime Resource、Schedule Manager、System Administrator、Testerの7つです。

図10.13はDeveloperのアクセス権限であるPermissionsを選択している例です。デフォルトでは役割が7つのタイプに分けられていますが、要件に応じて役割も新規作成できるようになっています。

パーミッションをさらに細かく設定することもできます。

図10.13　Blue Prismの権限管理画面の例

10.6.3 Blue Prismのデータの暗号化画面の例

図10.14はデータ暗号化のスキームを定義する画面の例です。

画面の中央で、データベースに格納されているデータの暗号化を定義します。画面下の既定の暗号化方式でAES-256bitを選択しています。

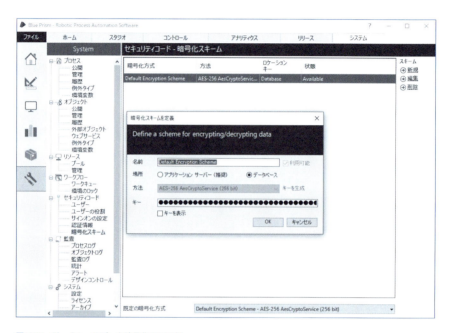

図10.14　Blue Prismのデータ暗号化画面の例

おわりに

　ここまで、RPAの仕組みと適用というテーマで解説を進めてきました。最後に業務自動化という観点でまとめます。

　ご承知のように企業や団体ではRPAの導入が進められています。最初は人間が実行しているデスクトップの操作の置き換えから始まることが多いでしょう。続いて業務プロセス全体での活用に展開されて、最終的には業務の自動化を目指して他の技術との組み合わせで最適化されていきます。

　業務の自動化というと、近いところでは第4章で紹介したAI、OCR、BPMS、マクロなどの技術があります。RPAは自動化技術の中で重要なポジションに位置付けられますが、「すべて」ではありません。あくまで有力候補の「ひとつ」です。

　もちろん他の技術とシームレスに連携する、いずれかを組み込む、あるいは逆に組み込まれるなど、業務自動化を目指していく過程で形は変わる可能性があります。

　さらに視野を広げると、本書で紹介してきた技術以外にも、各種のセンサーやIoT関連機器、音声・画像・移動の認識など、連携できる技術はさまざまにあります。

　筆者から皆さんにお願いしたいのは、最終的なゴールは最先端の工場のような全自動化で、そのために現在または将来のRPAをどのように活用するか考えていただきたいということです。

　最後に、本書の執筆には前田浩志さん、大石晴夫さん、佐藤正美さん、鞄谷幹さん、浦田正博さん、株式会社NTTデータ 第二公共事業本部 第四公共事業部RPAソリューション担当、ペガジャパン株式会社、Blue Prismの方々にご協力いただきました。また、本書の企画から刊行まで翔泳社編集部に全面的にバックアップしていただきました。改めてお礼申し上げます。

　私たちが目指しているのは業務の自動化であり、RPAはそのための有力な実現技術のひとつです。本書がその実現の一助になれば幸いです。

2018年8月　西村 泰洋

INDEX

● アルファベット

AI	75, 82, 92, 105
As-Is	177
Automation Anywhere	53, 58, 66
BizRobo!	59
Blue Prism	59, 168, 245
設計画面	168
設計思想	168
BPMS	75, 94, 105
BPO	23
ERP	24
EUC	97
IoTロボット	100
制御と出力	101
入力	101
Kofax Kapow	53, 59, 146, 234
Excelの表示の作成	151
Return Valueの追加	157
Robotの作成	149
［Run］のクリック	
Typeの作成	148
Webシステムのロード	154
初期画面	147
新規プロジェクトの作成	147
変数の取込み	152
変数をWebシステムに入力	155
ロボット開発の手順	146
ロボットのシナリオ	146
KPI	218
Management Console	234
NICE	59
OCR	75, 87, 90, 105
Pega	53, 59, 158, 236
Webアプリケーションのひも付け	164
Windowsアプリケーションのひも付け	162
自動化の定義	165
初期画面	160
新規プロジェクトの作成	161
デバッグでの確認	167
ロボット開発の手順	158
ロボットの開発	161

ロボットのシナリオ	159
PoC	29, 56, 212, 222
進め方	222
目的形態	223
PSR	193
起動方法	193
使い方	194
RDA	49, 71, 72
Robot Manager	236
RPA Express	68
RPAエンジニア	226
RPAコンサルタント	226
To-Be	177, 188
UiPath	53, 59, 64
VBA	76
Visual Studio	111
WinActor	53, 60, 132
csvデータを指定	143
Webアプリケーションの読み込み	133
アプリケーションの画面を指定	134
アプリケーションの起動	134
作成するロボットのシナリオ	132
自動操作シナリオを実行	145
シナリオの編集	143
操作の設定	133
変数の設定	139
操作の自動記録	135
ロボット開発の手順	132
ロボットの動作に移行	143
WinDirector	60, 237, 244

● あ行

アジャイル開発	207, 209
アプリケーション	108, 113
アプリケーションの実行	14
イベントドリブン	119
インタビュー	179, 180
ウォーターフォール開発	207
売上拡大	35
運用監視	239

運用監視システム	231	システム開発	206
運用管理システム	230	システム構成	11
オブジェクトタイプ	130	実行	117
オンライン学習	62, 64	実行環境	9
		実行形式ファイル	124
		自動化	2
● か行		自動化モデル	105
開発環境	9	社会的要請	30
外部データ	120	住宅ローン	38
学習	61	集中管理	12
画像方式	122	初期画面	111
画面キャプチャタイプ	130	処理	2
管理ツール	10, 119	人材再配置	33
管理ツールとロボットファイル間の制御	242	人的リソースシフト	35
機械学習	82	スケジューラ	118
企業全体の動向	29	生産性の向上	6
技術サポート	55	製品購入	63
技術者派遣	55	製品販売	52
机上検証	212, 219	セキュリティ	241
基礎情報の入手	62	セミナー	57
機能	110	全社導入	216
機能要件	199	全体計画	212, 215
業種動向	28	操作シート	200
業務調査表	179, 182	操作の可視化	189
業務の可視化	176	操作フロー	187
業務のクラス分け	217	ソフトウェアによる利用状況の調査	190
業務パッケージ	24	ソフトウェアの物理構成	9
業務フロー	185		
クラウド	24		
グローバル標準化	35	**● た行**	
研修	53	タスクスケジューラ	118
研修の受講	63	調査員による観察	179, 184
効果	5, 41	ツール	4
コールセンター	82	使い分け	50
コスト削減	5, 35	定義	2
コピー&ペースト	115	定義体	115
コンサルティング	54	定型業務洗い出し	217
		データ出力	14
		データ照合	15
● さ行		データ処理	120
サーバー・クライアント	13	データドリブン	119
座標方式	123	データ入力	14
シーケンス	126	データの漏えい	242
開始指示・始動	126	データベース	114
完了情報取得・完了通知	129	展示会	57
処理実行	126	導入	18
定期監視	129	導入・構築	213
ロボットセッティング	126	導入コスト	20
死活監視	231	導入戦略	35
仕事の標準化	7	導入に対する姿勢	220
市場	28	導入プロセス	212
市場規模	28	導入への不安	47

トライアル	56

● な行

内製化	228
内部データ	120
認証技術	122
認定資格	53

● は行

ハイブリッドタイプ	204
働き方改革	30
バックヤードの事務処理	37
非機能要件	199
人手不足	31
評価・修正	213, 225
部品化	8, 171
フローチャート	202
プログラミング言語	109
プログラミングスキル	129
プログラミングタイプ	130
ブロック図形	112
プロパティ方式	122
ヘルスチェック	231, 232

● ま行

マクロ	74, 76, 78, 105
ミドルウェア	108
モバイル	24

● や行

ユーザー要求	198
予算・工数による制約	217

● ら行

リソース監視	231, 232
リソースシフト	5, 32
利用シーン	14, 16
ログインID	238
ロボット開発	128, 174
道のり	174
ロボットファイル	9, 118
開発環境の構築	128
管理ツールでの設定	129
設計・開発	128
〜と実行環境のインストール	129
ロボットファイルの改ざん	242
ロボットファイルの設計	170

ロボットファイルへの不正アクセス	242
ロボットフロー	198
ロボットマーク	188

■**会員特典データのご案内**

本書の読者特典として、本書掲載の「業務調査表」および「ワークシート」のExcelデータをご提供致
します。

会員特典データは、以下のサイトからダウンロードして入手いただけます。

https://www.shoeisha.co.jp/book/present/9784798157061

●**注意**

※会員特典データのダウンロードには、SHOEISHA iD（翔泳社が運営する無料の会員制度）への会員
　登録が必要です。詳しくは、Webサイトをご覧ください。

※会員特典データに関する権利は著者および株式会社翔泳社が所有しています。許可なく配布したり、
　Webサイトに転載することはできません。

※会員特典データの提供は予告なく終了することがあります。あらかじめご了承ください。

著者紹介

西村 泰洋 (にしむら・やすひろ)

富士通株式会社フィールド・イノベーション本部シニアディレクター。顧客企業を全社的に可視化して経営施策の効果を検証するサービスの指揮をとっている。RPAを含む自動化技術の全社導入が経営施策のひとつであることから経験を積む。20年近くにわたり、IoT、モバイル、クラウド、ロボティクス、音楽配信など、さまざまな新技術の企業への導入と関連ビジネスに携わる。著書に『図解入門 最新RPAがよ～くわかる本』（秀和システム）、『成功する企業提携』（NTT出版）、『RFID＋ICタグ システム導入・構築 標準講座』（翔泳社）がある。

装丁＆本文デザイン	NONdesign 小島トシノブ
装丁イラスト	山下以登
DTP	株式会社 アズワン

絵で見てわかるRPAの仕組み

2018年 8月10日　初版第1刷発行
2018年10月 5日　初版第2刷発行

著　者	西村 泰洋
発行人	佐々木 幹夫
発行所	株式会社 翔泳社（https://www.shoeisha.co.jp）
印刷・製本	日経印刷 株式会社

ⓒ 2018 Yasuhiro Nishimura

※本書は著作権法上の保護を受けています。本書の一部または全部について（ソフトウェアおよびプログラムを含む）、株式会社 翔泳社から文書による許諾を得ずに、いかなる方法においても無断で複写、複製することは禁じられています。
※本書へのお問い合わせについては、iiページに記載の内容をお読みください。
※落丁・乱丁の場合はお取り替え致します。03-5362-3705までご連絡ください。

ISBN978-4-7981-5706-1　　　　　　　　　　Printed in Japan